Niet meer door het lint

AF076042

Niet meer door het lint

Werkboek

Arno van Dam

Carola van Tilburg

Peter Steenkist

Margreet Buisman

Houten 2011

© 2011 Bohn Stafleu van Loghum, onderdeel van Springer Media
Alle rechten voorbehouden. Niets uit deze uitgave mag worden verveelvoudigd, opgeslagen in een geautomatiseerd gegevensbestand, of openbaar gemaakt, in enige vorm of op enige wijze, hetzij elektronisch, mechanisch, door fotokopieën of opnamen, hetzij op enige andere manier, zonder voorafgaande schriftelijke toestemming van de uitgever.

Voor zover het maken van kopieën uit deze uitgave is toegestaan op grond van artikel 16b Auteurswet j° het Besluit van 20 juni 1974, Stb. 351, zoals gewijzigd bij het Besluit van 23 augustus 1985, Stb. 471 en artikel 17 Auteurswet, dient men de daarvoor wettelijk verschuldigde vergoedingen te voldoen aan de Stichting Reprorecht (Postbus 3051, 2130 KB Hoofddorp). Voor het overnemen van (een) gedeelte(n) uit deze uitgave in bloemlezingen, readers en andere compilatiewerken (artikel 16 Auteurswet) dient men zich tot de uitgever te wenden.

Samensteller(s) en uitgever zijn zich volledig bewust van hun taak een betrouwbare uitgave te verzorgen. Niettemin kunnen zij geen aansprakelijkheid aanvaarden voor drukfouten en andere onjuistheden die eventueel in deze uitgave voorkomen.

ISBN 978 90 313 8949 0
NUR 777

Ontwerp omslag: Nanja Toebak, Den Bosch
Ontwerp binnenwerk: Studio Bassa, Culemborg
Automatische opmaak: Pre Press Media Groep, Zeist

Eerste druk, 2008
Tweede druk, 2011

Bohn Stafleu van Loghum
Het Spoor 2
Postbus 246
3990 GA Houten

www.bsl.nl

Inhoud

1	**Inleiding**	7
1.1	Waarom zijn mensen agressief?	7
1.2	Wat is agressie?	8
1.3	Is er iets aan te doen?	11
1.4	Signalen van spanningsopbouw	12
1.5	Time-out	13
2	**Motivatie**	15
2.1	Waarom gedrag veranderen moeilijk is	15
2.2	Voor- en nadelen van agressie	16
	Voordelen van agressie	16
	Nadelen van agressie	17
2.3	Voor- en nadelen van therapie	18
2.4	Motivatie	19
2.5	Fasen in het motivatieproces	20
2.6	Doelen in je leven	22
3	**Veranderingsdoelen**	25
3.1	Het nut van doelen stellen	25
3.2	Hoe formuleer je een doel?	25
3.3	Plan van aanpak	26
	Tot slot	27
4	**Bewustwording**	29
4.1	Oorzaken van agressie	29
4.2	Ontlokkers	29
4.3	De opbouwfase	32
4.4	Agressie-uitbarsting	35
4.5	De kater komt altijd later!	36
4.6	De agressiecirkel	37
5	**Agressiescenario's**	39
5.1	Leren van het verleden	39
5.2	De agressieketen	39
	De aanleiding tot de uitbarsting	39
	De ontlokkers	40
	De opbouwfase	41
	Situatie op Scherp	42
	Toch een uitbarsting	43
	Terugblikken op de situatie	43
6	**Technieken om agressie te voorkomen**	47
6.1	De time-out-procedure	47
	De regels	47
6.2	Ontspanning	48

	Manieren om te ontspannen	49
	Ontspannen in moeilijke situaties	50
7	**Gedachtetraining**	**51**
7.1	Observeren en interpreteren	51
7.2	De invloed van gedachten	52
7.3	Emoties	54
7.4	Het gedachteschema	55
	Hulpmiddelen voor het onderzoeken van gedachten	57
7.5	Gedachten die kunnen leiden tot boosheid en agressie	61
7.6	Je niet door je gedachten laten meeslepen	62
8	**Probleemoplossen**	**65**
8.1	Coping	65
8.2	Probleemoplossingstechnieken	67
9	**Communicatie**	**71**
9.1	Communicatie	71
9.2	Communicatieregels	71
9.3	Actief luisteren	72
10	**Assertiviteit**	**75**
10.1	Assertiviteit	75
10.2	Een verzoek doen	76
10.3	Een verzoek weigeren	79
10.4	Onderhandelen	81
10.5	Kritiek uiten	82
10.6	Reageren op kritiek	84
11	**Communicatie met leidinggevenden**	**87**
11.1	Wat wil je bereiken?	87
11.2	Voorwaarden om je doel te bereiken	88
12	**Emoties, verleden, relaties en gezin**	**91**
12.1	Emoties	91
12.2	Het verleden	94
12.3	Trauma's	96
12.4	Relatieproblemen	98
12.5	Seksualiteit	101
12.6	Opvoeding	102
13	**Terugvalpreventie**	**105**
13.1	Wat heb ik bereikt?	105
13.2	Hoe kun je datgene wat je geleerd hebt vasthouden?	105
13.3	Ten slotte	107
	Extra formulieren	**109**
	Spanningsthermometer	109
	Agressieketen	111
	Gedachteschema	113
	Meer informatie	**115**
	Over de auteurs	**117**

1 Inleiding

1.1 Waarom zijn mensen agressief?

Mensen zijn uitgerust met verschillende emoties en bijpassend gedrag dat allemaal een bepaalde functie heeft.
Angst zorgt er bijvoorbeeld voor dat je bepaalde situaties die gevaarlijk zijn uit de weg gaat. Bijvoorbeeld: omdat je bang bent om gewond te raken of dood te gaan, kijk je uit met oversteken.
Boosheid en agressie hebben ook een functie. In levensbedreigende situaties kan agressie er soms voor zorgen dat je je eigen leven of dat van anderen redt. Boosheid kan de functie hebben dat je voor jezelf opkomt wanneer anderen over je grenzen willen gaan. Boosheid en agressie hebben dus een zelfbeschermende functie, maar dit moet wel in proportie staan tot wat er aan de hand is.

Agressie kan het doel voorbijschieten als iemand ook agressief wordt in situaties waarin geen bedreigingen aanwezig zijn, bijvoorbeeld als een opmerking van een ander ten onrechte niet goed begrepen wordt. Of als de agressie gericht wordt op personen tegen wie geen agressie bedoeld wordt, bijvoorbeeld als iemand na een conflict met zijn baas zijn vrouw slaat. Agressie schiet ook het doel voorbij als zij niet in verhouding is met de bedreiging, zoals iemand een klap geven als hij een andere mening heeft. Een ander verschijnsel waarbij onnodige agressie ontstaat is dat iemand steeds situaties opzoekt waarin dreiging is en agressie wordt opgeroepen, bijvoorbeeld veel in kroegen komt waar gevochten wordt.

Waarom is de één agressiever dan de ander?
Mensen verschillen in de mate waarin ze boos en agressief worden.
Dit heeft enerzijds te maken met verschillen in erfelijke aanleg. Sommige mensen zijn eerder opgewonden en driftig dan andere. Anderzijds heeft het te maken met de dingen die iemand in zijn leven heeft geleerd. Als iemand in zijn ouderlijk gezin geweld heeft meegemaakt bij meningsverschillen, gaat hij zelf wellicht ook geweld gebruiken om meningsverschillen uit de wereld te helpen, zeker als hij geen andere manieren heeft geleerd om met meningsverschillen om te gaan.
Ook de mate waarin we anderen vertrouwen, onszelf en anderen waarderen en met elkaar kunnen communiceren hangt samen met hoe we zijn opgevoed en met gebeurtenissen in ons leven.

Agressie komt zowel voor bij mannen als bij vrouwen. In dit boek wordt vooral gesproken in de hij-vorm, maar waar 'hij' staat kan altijd ook 'zij' gelezen worden.

1.2
Wat is agressie?

Er zijn verschillende vormen van agressie:
- *Fysieke agressie*: alle lijfelijke, op een andere persoon gerichte uitingen van agressiviteit. Hieronder vallen onder andere slaan, schoppen, verwonden, opsluiten en gedwongen seksuele intimiteit.
- *Verbale agressie*: op de persoon gerichte bedreigingen, kleinerende opmerkingen, chantage, scheldpartijen.
- *Materiële agressie*: geweld gericht tegen goederen, vernieling.

Agressie kan op verschillende manieren ontstaan.
Ten eerste kan agressie bewust worden gebruikt om een bepaald doel te bereiken. Iemand wil bijvoorbeeld geld hebben en dreigt de ander een pak slaag te geven als hij het niet krijgt. We spreken dan van *instrumentele agressie*.
Daarnaast kan het gebeuren dat iemand niet van plan was om agressie te gebruiken maar dat hij de controle over zichzelf verliest. Hij raakt bijvoorbeeld in een ruzie verzeild die steeds hoger oploopt, verliest de controle over zichzelf en geeft de ander een klap. We spreken dan van *reactieve agressie*.

Agressie komt veel voor in de samenleving. Het meest in de vorm van huiselijk geweld, dat wil zeggen geweld binnen het gezin, onder bekenden of buren. De geschatte getallen lopen in Nederland jaarlijks uiteen van 296.000 tot 500.000 gevallen. Er sterven naar schatting jaarlijks 70 vrouwen, 40 kinderen en 25 mannen door huiselijk geweld. Publiek geweld is geweld dat voorkomt op straat of in semi-publieke gelegenheden (zoals cafés). Hoeveel publieke geweldsdelicten er per jaar in Nederland gepleegd worden is niet exact vastgelegd, maar de schatting is dat er 8,4 geweldsdelicten plaatsvinden per 100 inwoners van 15 jaar en ouder. Meer dan de helft van deze delicten bestaat uit bedreigingen, bijna een kwart uit mishandelingen.

Opdracht 1.1

Wat voor soort agressie gebruik ik?
Geef bij de onderstaande punten aan of je deze vorm van agressie wel eens gebruikt en hoe en in welke situaties. Geef ook aan of je de mate van agressie passend of te ver doorgeschoten vindt.

Verbale agressie
Ja/Nee

Wat doe je dan?

In welke situaties gebruik je het? En is het dan passend of te ver doorgeschoten en waarom?

Materiële agressie
Ja/Nee

Wat doe je dan?

In welke situaties gebruik je het? En is het dan passend of te ver doorgeschoten en waarom?

Fysieke agressie
Ja/Nee

Wat doe je dan?

In welke situaties gebruik je het? En is het dan passend of te ver doorgeschoten en waarom?

Instrumentele agressie
Ja/Nee

Wat doe je dan?

In welke situaties gebruik je het? En is het dan passend of te ver doorgeschoten en waarom?

Reactieve agressie
Ja/Nee

Wat doe je dan?

In welke situaties gebruik je het? En is het dan passend of te ver doorgeschoten en waarom?

Opdracht 1.2

Mijn geschiedenis met agressie
Vanaf welke leeftijd heb je een probleem met agressie of vinden anderen dat je een probleem hebt met agressie?

Ben je van nature snel opgewonden of opgefokt?

Schaam je je wel eens voor je kwaadheid?

Hoe werd er bij jou thuis omgegaan met agressie en wat heb je daarvan geleerd?

Ben je wel eens slachtoffer geweest van agressie en hoe heeft dat je leven beïnvloed?

Ben je wel eens getuige geweest van agressie en hoe heeft dat je leven beïnvloed?

Zijn er andere omstandigheden die invloed hebben op de manier waarop jij met agressie omgaat?

1.3
Is er iets aan te doen?

Mensen hebben eigenschappen die niet of nauwelijks te veranderen zijn en eigenschappen die met veel moeite wel te veranderen zijn. Eigenschappen zoals temperament en de mate waarin je op anderen gericht bent zijn aangeboren en daarom niet of nauwelijks te veranderen.
Gedrag is aangeleerd en is wel te veranderen. Meestal kost dit erg veel moeite. Wie bijvoorbeeld wel eens geprobeerd heeft te stoppen met roken, gezonder te eten, beter met geld om te gaan of meer te gaan sporten, weet hoe moeilijk dat is. Dit geldt ook voor het verminderen van agressief gedrag. Dat kost moeite, maar het is mogelijk. Dit betekent niet dat je je persoonlijkheid moet veranderen of dat je nooit meer boos zult zijn. Het betekent wel dat je je in situaties waarin je boosheid voelt, bewust wordt van (lichamelijke) signalen dat de spanning oploopt en dat je naar andere manieren zoekt om met die boosheid om te gaan dan agressie.

Opdracht 1.3

Waar heb ik invloed op?
Ga bij de volgende situaties na of dat een situatie is waarop je invloed hebt of niet.

Gedachten die bij me opkomen	ja/nee
De keuzes die andere mensen maken	ja/nee
Dat er mensen onrechtvaardig behandeld worden	ja/nee
Dat ik me soms boos of gespannen voel	ja/nee
De keuzes die ik zelf maak	ja/nee
Wat andere mensen van me denken	ja/nee
Hoe ik reageer op mijn gedachten en gevoelens	ja/nee
Weggaan uit de situatie of blijven	ja/nee

1.4 Signalen van spanningsopbouw

Agressieve uitbarstingen komen zelden op vanuit het niets. Vrijwel altijd gaat er een korte of lange periode van verhoogde spanning aan vooraf. Het is belangrijk om je bewust te zijn van je eigen spanningsniveau om zo te kunnen inschatten of je een verhoogd risico loopt op een agressieve uitbarsting.
Je kunt dit doen door je spanning te 'meten': je spanningsniveau op bepaalde momenten een cijfer geven. Je kunt dit vergelijken met het meten van je lichaamstemperatuur met een koortsthermometer. Daarom introduceren we nu de *spanningsthermometer*.
Je kunt op ieder moment van de dag bij jezelf stilstaan en proberen te voelen hoe hoog je spanning is. Ben je helemaal ontspannen, dan kun je een 0 of een 1 scoren. Wanneer je zo gespannen bent als een veer, dan geef je een 9 of een 10 (10 is het kookpunt!). Het is goed om daarbij signalen bij jezelf te gaan leren herkennen die wijzen op spanningsopbouw, zoals het warm of juist koud krijgen, spanning in je spieren, een nerveus gevoel enzovoort. Iedereen reageert op zijn eigen manier op spanning en het is handig om inzicht te krijgen in jouw persoonlijke manier van reageren op spanning of stress.

Opdracht 1.4

Spanningsthermometer
Vul een week lang drie keer per dag op het spanningsformulier je spanningsniveau in. Geef daarbij een cijfer tussen 0 – 10 aan je spanningsniveau op dat moment. Neem hiervoor drie vaste momenten op een dag. Bijvoorbeeld direct bij het opstaan, tijdens de lunch en 's avonds na het eten. Vul daar waar de spanning verhoogd is steeds de signalen in die je bij jezelf bemerkt. Zie afbeelding 1.2.

Wanneer blijkt dat je veel moeite hebt gehad met deze oefening, dan is het belangrijk deze oefening net zolang te herhalen totdat het je goed afgaat. Ook kan het later nog eens nodig blijken te zijn om deze oefening te herhalen.

Afbeelding 1.1
Spanningsthermometer

1.5
Time-out

Wanneer de spanning hoog oploopt en je een agressieve uitbarsting voor wilt blijven, kun je gebruik maken van een 'time-out'. Dat betekent dat je weggaat uit de situatie waarin je je bevindt, met als doel een uitbarsting te voorkomen. Het probleem waarover je je opwindt is daarmee meestal nog niet opgelost, maar dat is ook niet het doel van de time-out. Bovendien draagt een escalatie zeker niet bij aan de oplossing, maar zullen de problemen in de regel alleen maar groter worden.

Aan het nemen van een time-out zijn spelregels verbonden. Deze zijn beschreven in paragraaf 6.1. Lees deze voordat je een time-out gaat toepassen!

	METING 1	METING 2	METING 3
DAG 1	spanning: signalen:	spanning: signalen:	spanning: signalen:
DAG 2	spanning: signalen:	spanning: signalen:	spanning: signalen:
DAG 3	spanning: signalen:	spanning: signalen:	spanning: signalen:
DAG 4	spanning: signalen:	spanning: signalen:	spanning: signalen:
DAG 5	spanning: signalen:	spanning: signalen:	spanning: signalen:
DAG 6	spanning: signalen:	spanning: signalen:	spanning: signalen:
DAG 7	spanning: signalen:	spanning: signalen:	spanning: signalen:

Afbeelding 1.2
Meten met de spanningsthermometer

2 Motivatie

2.1 Waarom gedrag veranderen moeilijk is

Vanaf het moment waarop we worden geboren, doen we ervaringen op met onze omgeving.
Door de opvoeding die we krijgen en door alles wat we meekrijgen via prettige en onprettige ervaringen met onze sociale omgeving leren we wat we van het leven kunnen verwachten en hoe we ermee om kunnen gaan. Als we met ons gedrag onze doelen kunnen bereiken, worden we beloond en gaan dit gedrag herhalen. Hierdoor ontstaan zogenoemde gedragspatronen die voor iemand heel vanzelfsprekend zijn en grotendeel automatisch verlopen. Zo krijgt iedereen een soort 'gereedschapskist' die wordt gevuld met 'gereedschap' om met bepaalde situaties en/of problemen om te gaan.

> Johan groeide als enig kind op in een gezin met hardwerkende ouders. Wanneer zijn ouders ruzie hadden, konden ze dagenlang zwijgen. Eigenlijk werden conflicten nooit uitgepraat. Johan herinnert zich nog de spanning die dan in huis kon hangen. Hij ontvluchtte die spanning door veel tijd op zijn kamer door te brengen. Wanneer hem zelf iets dwarszat, dan praatte hij daar ook niet over met zijn ouders. Hij vermeed situaties waarin de voor hem zo ondraaglijke spanning zou kunnen ontstaan.
> Wanneer Johan later zelf een gezin heeft krijgt hij van zijn vrouw vaak te horen dat hij zo stil is. Ze vraagt hem dan: 'Is er iets met je?' Johan ontkent dan meestal, maar denkt heel iets anders.

In dit voorbeeld zien we dat hij van zijn ouders geleerd heeft dat je problemen niet uitpraat maar verzwijgt. Het gedrag dat hij heeft aangeleerd blijft hij later in zijn eigen relatie herhalen, ondanks dat het dan ook nadelen blijkt te hebben. Johan blijft volharden in zijn gedragspatroon omdat hij de herinnering aan die onaangename spanning het liefst vermijdt en omdat hij nooit heeft geleerd hoe hij anders met conflicten om kan gaan. Het voordeel van vermijden weegt in de beleving van Johan zwaarder dan het nadeel ervan voor zijn relatie. Gedrag heeft dus voor- en nadelen. Afhankelijk van of er meer voor- of nadelen zijn doe je iets wel of juist niet. Zo heeft agressief reageren ook voor- en nadelen.

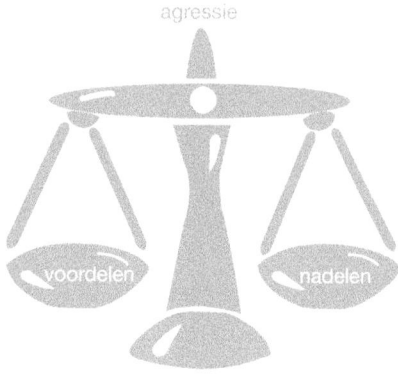

Afbeelding 2.1
Voor- en nadelen van agressie tegen elkaar afwegen

2.2 Voor- en nadelen van agressie

Voordelen van agressie

In de inleiding zijn de begrippen *instrumentele* en *reactieve* agressie al ter sprake gekomen.
Van *instrumentele* agressie wordt gesproken wanneer agressie bewust gebruikt wordt om een bepaald doel te bereiken. Dat wil overigens niet altijd zeggen dat er vooraf een bewuste afweging gemaakt wordt van alle voor- en nadelen van het agressieve gedrag. Vaak hebben mensen alleen oog voor de gevolgen van hun gedrag op de korte termijn en worden ze pas later geconfronteerd met de gevolgen op de lange termijn. Meestal wordt de afweging of het verstandig was om agressie te gebruiken achteraf gemaakt. Hier komen we later in dit boek op terug. Wel maken de voordelen op korte termijn van het agressieve gedrag dat voor zulk gedrag gekozen wordt.

> John is verschrikkelijk kwaad op de ex-vriend van zijn dochter, die zijn dochter geschopt en geslagen heeft. John was op vakantie toen het gebeurde en zijn dochter kon hem niet bereiken. John voelt zich schuldig: hij had er voor haar moeten zijn, dan was dit niet gebeurd. Zijn dochter heeft aangifte gedaan bij de politie maar daar is nog niets mee gedaan.
> John weet in welk café de ex-vriend van zijn dochter komt. Zonder dat hij zijn dochter op de hoogte stelt gaat hij die avond naar het bewuste café en drinkt zich moed in. Op een gegeven ogenblik ziet hij hem binnenkomen. John daagt hem uit en het duurt niet lang voordat de man reageert. Al snel hebben ze een vechtpartij. De cafébaas jaagt ze naar buiten en daar wordt het gevecht verder voortgezet. John voelt zich sterk en in zijn gelijk staan, omdat hij zijn dochter wil verdedigen. Hij slaat de jongen flink en waarschuwt hem om niet nog eens in de buurt van zijn dochter te komen, want dan staat hem nog een harder lesje te wachten...
> John is dik tevreden over de afloop en ervaart genoegdoening, ook al heeft hij de volgende dag spierpijn en een paar kneuzingen.

Ook bij *reactieve* agressie is er sprake van een bepaalde winst, al verloor iemand de controle over zichzelf en was hij niet van plan om agressief te reageren. De agressie is dan vaak een manier om weer controle over de situatie te krijgen. Bijvoorbeeld: op het moment dat jij kwaad wordt, houdt iedereen zijn mond en doet wat je zegt. De voordelen van het agressief reageren zijn dus eigenlijk de valkuilen wanneer je dat gedrag wilt gaan veranderen!

Valkuilen kun je alleen omzeilen wanneer je ermee bekend bent. Daarom is het belangrijk om je er bewust van te worden dat agressief reageren zowel nadelen als voordelen voor je heeft. En is het belangrijk om te weten wat die voordelen voor je zijn. In hoofdstuk 4 en 5 besteden we aandacht aan het proces van bewustwording en signalering.

Nadelen van agressie

Velen van degenen die beginnen aan een behandeling voor agressieproblematiek doen dat omdat ze geconfronteerd zijn met nadelen van agressief handelen. Dit gaat namelijk altijd ten koste van de relatie met de ander. En vroeg of laat zal de ander laten weten dat hij of zij dit gedrag niet langer accepteert, of het nu je partner is, je werkgever of de maatschappij.
Veel problemen rondom agressie spelen zich af in de huiselijke sfeer. De laatste jaren heeft de Nederlandse overheid veel aandacht besteed aan deze problematiek. En omdat huiselijk geweld een strafbaar feit is, wordt de laatste jaren ook actiever ingegrepen door politie en justitie. Huiselijk geweld leidt steeds vaker tot een veroordeling door de rechter.

De voornaamste reden waarom er in Nederland zo nadrukkelijk wordt ingespeeld op deze problematiek, is dat huiselijk geweld voor de slachtoffers uitermate schadelijk is en veel leed veroorzaakt. Voor partners is het vaak zo traumatisch dat de relatie duurzaam ontwricht raakt. Er is namelijk een ernstige vertrouwensbreuk tussen beide partners ontstaan. Deze breuk kan weer aanleiding zijn voor nieuwe spanningen, waardoor de kans op herhaling van het geweld groter wordt.
Behalve de partner is er nog een grote groep die lijdt onder de gevolgen van huiselijk geweld: kinderen. Uit onderzoek is gebleken dat kinderen die geconfronteerd worden met huiselijk geweld daar vaak blijvende emotionele en/of lichamelijke schade aan overhouden. Het gaat hier uitdrukkelijk niet alleen om kinderen die zelf mishandeld zijn, maar ook om kinderen die getuige zijn geweest van geweld. Veel geweldplegers blijken een voorgeschiedenis te hebben van opgroeien in een gezin waar huiselijk geweld plaatsvond. Kinderen die geweld meemaken in de thuissituatie hebben een grotere kans om later zelf ook geweld te gaan gebruiken.

Voor veel geweldplegers is agressie een middel om controle te krijgen in situaties waarin gevoelens van onmacht een rol spelen. Maar het verliezen van je zelfbeheersing zal op de lange termijn het gevoel van onmacht steeds bevestigen en komt je zelfbeeld niet ten goede. Je ervaart namelijk dat je geen controle hebt over jezelf en uiteindelijk ook niet meer over de situatie. Het kost bovendien veel energie om de schade die je veroorzaakt hebt in je omgeving weer te herstellen. Ten slotte zou de schade blijvend kunnen worden waarbij dat consequenties kan hebben voor de onderlinge banden in het gezin, met familie en vrienden, maar ook in de arbeidsrelatie.

Opdracht 2.1

Welke voor- en nadelen zijn er voor jou met betrekking tot agressie?
Geef hieronder aan welke voor- en nadelen je ondervond als gevolg van agressief handelen.

voordelen

nadelen

2.3
Voor- en nadelen van therapie

Wanneer je hebt besloten om anders om te gaan met voor jou lastige situaties, gaat het er vooral om dat je leert hoe je die situaties in de toekomst kunt voorkomen, zodat je niet terugvalt in het oude patroon.
Mogelijk heb je jezelf al vaker voorgenomen dat je het nooit meer zover zult laten komen. En heb je je partner gezworen dat het deze keer de laatste keer was. Alle goede bedoelingen ten spijt, het veranderen van een patroon is een hele klus en zoals eerder gezegd is de weg naar verandering er een met veel valkuilen.
Er is meer voor nodig dan goede voornemens. De kans op succes neemt toe wanneer je kiest voor een gerichte aanpak van het probleem, zoals een therapie of cursus waarin je handreikingen krijgt aangeboden en gesteund wordt door begeleiders en lotgenoten. Voor het toepassen van bepaalde technieken, zoals de time-out of het verbeteren van de communicatie, is het van belang dat ook je partner meewerkt aan de behandeling. Dit maakt de kans dat het geweld stopt in jullie relatie namelijk groter.

Therapie heeft echter ook nadelen.
Werken aan jezelf betekent dat je geconfronteerd kunt worden met aspecten van jezelf die je misschien liever niet onder ogen ziet. Je gaat oefenen met andere vaardigheden, en dat kan tijdelijk meer onzekerheid opleveren. Je omgeving kan anders op jou gaan reageren wanneer jij verandert. Therapie betekent een (tijds)investering die soms ten koste gaat van bijvoorbeeld je werk of andere verplichtingen. Je zult dus

ruimte voor jezelf moeten gaan maken. Een belangrijke voorwaarde daarvoor is dat je gemotiveerd bent en blijft. Maar waar haal je die motivatie vandaan?

Opdracht 2.2

Welke voor- en nadelen zijn er voor jou wanneer je therapie volgt?
Geef hieronder aan welke voor- en nadelen je verwacht bij het volgen van therapie.

voordelen

nadelen

2.4 Motivatie

Motivatie is de bereidheid om je ergens voor in te spannen en dit vol te houden We onderscheiden 2 soorten motivatie:
- *Interne motivatie*: je kiest ergens voor omdat je het zelf wilt. Bij veel psychische klachten heeft iemand daar vooral zelf veel last van. Die last maakt dat je sneller geneigd om hulp te gaan zoeken voor de klachten.
- *Externe motivatie*: je wilt iets omdat een ander je onder druk zet. De omgeving heeft last van iemands gedrag. Vaak blijkt dat de hulpvraag bij geweldplegers pas ontstaat wanneer er vanuit de omgeving een signaal komt dat het zo niet langer kan. Dat signaal kan zijn dat de partner dreigt met een scheiding of dat de rechter een veroordeling uitspreekt. De aanleiding voor het handelen ligt dan buiten iemand zelf, er is een prikkel van buitenaf.

Om aan agressieproblemen te werken is het niet zozeer belangrijk hóe je gemotiveerd bent, maar *dat* je gemotiveerd bent. Overigens kan motivatie bij iemand in de loop van de tijd veranderen van bijvoorbeeld alleen extern naar ook intern.

Opdracht 2.3

Met welke motivatie wil ik gaan werken aan mijn agressieprobleem?
Geef hieronder de voor jou drie belangrijkste zaken aan die een rol spelen in je motivatie om aan je agressieprobleem te gaan werken.

1

2

3

De bereidheid om te werken aan je agressieprobleem kan variëren gedurende de behandeling. Je motivatie kan zelfs geheel verdwijnen.
Hierin kunnen diverse factoren een rol spelen; bijvoorbeeld:
- bepaalde onderwerpen zijn confronterend;
- de lucht is geklaard in de relatie en je hebt het idee dat alles weer koek en ei is;
- je denkt te snel dat het agressieprobleem over is wanneer het een periode rustig is gebleven, we noemen dat ook wel de 'wonderbaarlijke genezing';
- je werkgever geeft je geen toestemming om tijdens therapietijd te verzuimen.

De kans op herhaling van agressieve uitbarstingen is groot wanneer het behandelaanbod van korte duur is geweest en/of wanneer iemand vroegtijdig met de behandeling is gestopt.
Een van dé uitdagingen in de behandeling is dan ook: gemotiveerd blijven en niet stoppen voordat het echt een langere periode goed is gegaan. Om die reden is het belangrijk om de motivatie die je hierboven beschreven hebt regelmatig nog eens te bekijken en wanneer je merkt dat er iets veranderd is in je motivatie dit vooral binnen de behandeling bespreekbaar te maken!

2.5 Fasen in het motivatieproces

De psychologen Prochaska en DiClemente onderscheiden de volgende fasen in een veranderingsproces:
1 *Voorstadium.* Mensen ervaren geen probleem wat hun gedrag betreft. Mensen kunnen verwezen zijn voor behandeling, maar meer omdat de omgeving daarvoor motieven had dan dat zij die zelf hadden.
2 *Overwegen.* Nu beseffen mensen dat er voor- en nadelen zitten aan hun gedrag.
3 *Beslissen.* Iemand neemt de beslissing om zijn gedrag te veranderen en er is een plan om het gedrag te veranderen.
4 *Uitvoeren.* Iemand verandert actief zijn gedrag.
5 *Volhouden.* Er wordt geprobeerd terugval te voorkomen.
6 *Terugval.* Iemand valt terug in het oude gedragspatroon.

Voor verschillende problemen kun je in verschillende fasen zitten. Je kunt bijvoorbeeld proberen vol te houden dat je je partner niet meer slaat en er tegelijkertijd over twijfelen of je ook in het voetbalstadion minder agressief wilt zijn. Afhankelijk van de fase waarin je zit kun je andere dingen doen die je helpen. Als je in het voorstadium of de overwegingfase zit kun je nagaan wat de voor- en nadelen van je huidige situatie en eventuele veranderingen zijn om te onderzoeken of je wilt veranderen. Als je hebt

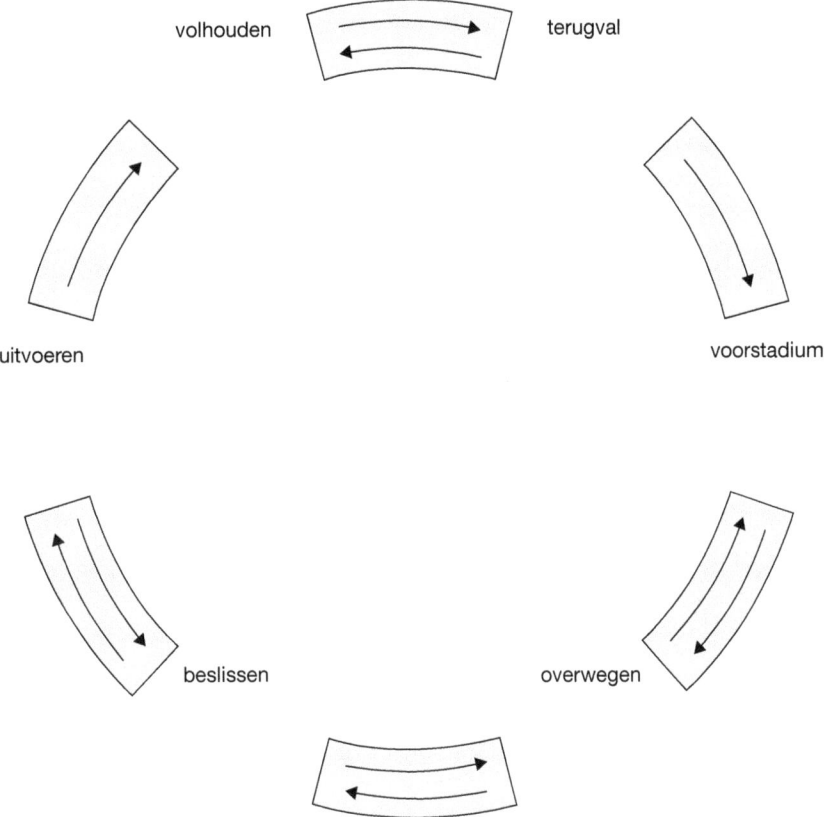

Afbeelding 2.2
Fasen in het motivatieproces

besloten om iets te veranderen kun je met behulp van de technieken die in dit boek beschreven worden een plan maken.

Omdat motivatie kan veranderen doordat je omstandigheden verandert of je kijk op bepaalde situaties verandert, is het verstandig om je regelmatig af te vragen in welke fase je zit, zodat je activiteiten kunt ondernemen die bij die fase passen. Als je bijvoorbeeld tijdens het uitvoeren van je plan van aanpak merkt dat je je er niet goed toe kunt zetten het plan ook uit te voeren doe je er goed aan je af te vragen of je misschien weer in de afwegingsfase zit en je beter maar weer eens de balans kunt opmaken van de voor- en nadelen van veranderen.

Opdracht 2.4

In welke fase zit ik?
Ga voor je verschillende problemen na in welke fase je zit en wat je in die fase het beste kunt doen. We geven er om te beginnen een voorbeeld bij.

probleem	fase	actie
Ik val te snel en te fors uit naar de kinderen.	beslissen	Ik maak hierover een plan met mijn partner.
Ik drink vaak meer dan ik mij voornam. Als ik drink reageer ik sneller agressief.	overwegen	Ik schrijf de voor- en nadelen voor mij op van alcoholgebruik.

2.6
Doelen in je leven

Om er zelf achter te komen of je aan je agressie wilt werken kan het zinvol zijn om te onderzoeken of agressie op gespannen voet staat met belangrijke dingen waar je in je leven naar streeft. Voor veel mensen is het belangrijk hoe ze bepaalde rollen vervullen: die van vader, echtgenoot, vriend of in groter verband in de maatschappij. Veel mannen willen graag een goede echtgenoot of vader zijn. Het is de vraag of agressie helpt dit doel te bereiken of juist niet. De volgende opdracht is bedoeld om je daar meer bewust van te maken.

Opdracht 2.5

Doelen in je leven

Relatie
Wat voor soort partner zou je het liefst willen zijn? Hoe zie je jezelf graag in die rol en hoe zou je willen dat je partner over je denkt?

Helpt agressie je om de soort partner te worden die je graag wilt zijn? Waarom wel/niet?

Ouderschap
Wat voor soort ouder zou je het liefst willen zijn? Hoe zie je jezelf graag in die rol en hoe zou je willen dat je kinderen over je denken?

Helpt agressie je om de soort ouder te worden die je graag wilt zijn? Waarom wel/niet?

Vrienden en familie
Wat voor soort vriend/familielid zou je het liefst willen zijn? Hoe zie je jezelf graag in die rol en hoe zou je willen dat je vrienden en familieleden over je denken?

Helpt agressie je om de soort vriend/familielid te worden die je graag wilt zijn? Waarom wel/niet?

Maatschappij
Welke rol zou je willen spelen in de maatschappij? Hoe zie je jezelf graag in die rol en hoe zou je willen dat anderen over je denken?

Helpt agressie je om de rol die je in de maatschappij wilt spelen te bereiken? Waarom wel/niet?

3 Veranderingsdoelen

Je bent dit boek gaan lezen omdat je iets wilt doen aan je agressieprobleem.
Maar wat is dat 'iets' precies? En wanneer weet je of je 'iets' aan dat agressieprobleem gedaan hebt?

In dit hoofdstuk ga je aan de slag met het concreet maken van je werkdoelen voor de komende tijd. We raden aan regelmatig te checken of je je doelen gehaald hebt of dat je je doelen bij wilt stellen. Vaak moet je tussenstappen nemen om uiteindelijk je hoofddoel te bereiken.

3.1 Het nut van doelen stellen

In onze samenleving spelen doelen voortdurend een rol van betekenis. Iedereen stelt wel ergens doelen voor. Of het nu gaat om goede voornemens op 31 december of om een bedrijfsplan waarin beschreven staat wat de doelstelling is voor dat jaar. Mensen nemen zich altijd iets voor.

Heb je het vorige hoofdstuk gelezen, dan weet je dat het stellen van een doel een rol kan spelen bij je motivatie, namelijk het geven van richting aan je gedrag. Maar het stellen van een doel heeft nog een andere functie. Het laat ook zien wanneer een doel bereikt is. Er zijn richtlijnen voor de manier waarop je een doel het beste kunt formuleren. Hoe concreter een doel is beschreven, des te beter is te bepalen of het ook bereikt is. Daarnaast is het zo concreet mogelijk beschrijven van een doel belangrijk voor het bepalen van de manier waarop je het doel kunt bereiken.

3.2 Hoe formuleer je een doel?

Voor het opschrijven van doelen gelden een paar belangrijke richtlijnen.
- Je schrijft zo precies mogelijk (dus niet vaag) op wat je wel wil (en dus niet wat je niet wil).
- Je schrijft op hoe je na een tijdje kunt nagaan of je je doel bereikt hebt.
- Het doel moet haalbaar zijn voor mijzelf en voor mijn omgeving.
- Er zit een tijdsplanning bij.

Een voorbeeld van een onjuist geformuleerd doel is: 'Ik ga stoppen met slaan'.

Een voorbeeld van een juist geformuleerd doel is: 'Ik ga, om te voorkomen dat ik ga slaan, ontspanning zoeken door een uur met de hond te gaan wandelen in een situatie waarin mijn spanning oploopt boven de 4'.

3.3
Plan van aanpak

In opdracht 3.1 hebben we een schema gemaakt waarin je jouw plan van aanpak kunt gaan invullen. Het werkt als volgt:
- Noteer de datum.
- Schrijf zo duidelijk mogelijk op aan welk probleem je de komende tijd wilt gaan werken.
- Vertaal het beschreven probleem naar een doelstelling, waarbij je rekening houdt met de eerder genoemde richtlijnen.
- Noem een datum waarop je nagaat of je je doel gehaald hebt.

Om je te helpen bij het invullen van je plan van aanpak hebben we een voorbeeldformulier alvast ingevuld.

Voorbeeld 1

datum	probleem	doel	evaluatie
01-01-2008	Ruzies met mijn partner zijn al enkele keren uitgelopen op een handgemeen waarbij ik haar geslagen heb.	Ik ga, om te voorkomen dat ik ga slaan, een time-out nemen in een situatie waarin mijn spanning oploopt boven 4.	31-01-2008
01-01-2008	Als ik een probleem bespreek met mijn partner heb ik moeite om haar duidelijk te maken wat ik vind.	Ik ga de instructies van het cursusboek die horen bij het bespreken van problemen toepassen: steeds navragen of de ander mij begrepen heeft.	29-02-2008

Het is mogelijk dat je erachter komt dat een doel op korte termijn te hoog gegrepen is geweest. Dit betekent uiteraard niet dat het niet meer gaat lukken! Je zult dan je doelstelling moeten aanpassen aan wat voor jou wel haalbaar is: in haalbare stappen opdelen.

Voorbeeld 2

datum	probleem	doel	evaluatie
01-01-2008	Ruzies met mijn partner zijn al enkele keren uitgelopen op een handgemeen waarbij ik haar geslagen heb.	Ik ga, om te voorkomen dat ik ga slaan, leren om een time-out te nemen. Als eerste stap ben ik in staat om een cijfer tussen 0 en 10 te geven aan mijn spanning. Ik zal dat dagelijks invullen in het spanningsregistratieformulier.	14-01-2008

Het schrijven van een plan van aanpak is een proces dat zich tijdens de therapie, maar ook nog daarna zal voltrekken.
Op bepaalde momenten zul je moeten nagaan hoe het met het behalen van je doelen staat en of er aanpassingen nodig zijn.
Ook het moment waarop je een doel behaalt is belangrijk om bij stil te staan. Succeservaringen geven immers een positieve impuls om gewenst gedrag uit te breiden. Denk maar aan sporters die soms letterlijk de lat steeds hoger leggen.

Opdracht 3.1

Mijn plan van aanpak

datum	probleem	doel	evaluatie

Tot slot

Iets veranderen aan jezelf is moeilijk en gaat vaak met vallen en opstaan. Maar ook al moet je het uiteindelijk allemaal zelf doen, je kunt altijd vragen om steun van je omgeving. Je partner, familie, vrienden, hulpverleners of leden van de therapiegroep zijn belangrijke hulpbronnen die je kunt inzetten om je doelen te verwezenlijken. Maak er gebruik van! Het is belangrijk dat je jouw plan van aanpak bespreekbaar maakt met anderen zodat ze je kunnen ondersteunen bij het uitvoeren ervan.

4 Bewustwording

Een van de stappen op weg naar meer zelfcontrole is het je bewust worden van de omstandigheden waarin er een verhoogde kans is op een uitbarsting. Door deze stap te zetten ga je de voorwaarden scheppen die je helpen om uitbarstingen te voorkomen en andere keuzes te maken.

In dit hoofdstuk krijg je uitleg over de manier waarop geweldsuitbarstingen doorgaans plaatsvinden. We bespreken de *agressiecirkel*, waarin de verschillende fasen voor en na een uitbarsting van agressie beschreven zijn. Met behulp van deze agressiecirkel kun je een beeld krijgen van de risicofactoren die een rol hebben gespeeld in eerdere geweldsuitbarstingen. Daarmee kun je de signalen leren herkennen die erop wijzen dat je op weg bent naar een nieuwe uitbarsting. Dat maakt je eerder in staat tot ingrijpen.

4.1 Oorzaken van agressie

Vaak wordt gedacht dat een agressie-uitbarsting plotseling optreedt. Je hebt achteraf het idee dat zonder duidelijke aanleiding de woede ineens kwam opzetten en dat dit ook onmiddellijk leidde tot een uitbarsting.
Sommige mensen zeggen dat ze zich ook niets meer kunnen herinneren van het voorval. 'Ineens was het zwart voor mijn ogen en het volgende moment zag ik dat mijn vrouw een wond op haar hoofd had en bloedde'.
Dit heeft te maken met wat we een 'vernauwd bewustzijn' noemen. Doordat je je aandacht volledig gericht is op degene met wie je in conflict bent, ben je je nauwelijks bewust van datgene wat er verder in je omgeving gebeurt en wat er met jezelf gebeurt. Je lichaam moet zich namelijk voorbereiden om in actie te komen door bijvoorbeeld spieren aan te spannen, sneller te ademen en de hartslag te versnellen en je aandacht te richten op de ander. Je bent je hierdoor minder bewust van wat zich verder nog in je omgeving afspeelt.

Door inzicht te krijgen in de manier waarop agressie zich bij jou opbouwt en hoe je dat kunt merken, en welke situaties bij jou agressie oproepen, leer je welke risicofactoren bij jou een rol spelen bij een geweldsuitbarsting.

4.2 Ontlokkers

Eerder hebben we besproken hoe een agressie-uitbarsting vooraf wordt gegaan door spanningsopbouw. Wat zorgt er nu voor dat je spanning gaat opbouwen? In deze paragraaf introduceren we de term *ontlokkers*.

Afbeelding 4.1
'Vernauwd bewustzijn'

Emoties worden opgeroepen door bepaalde prikkels die op ons afkomen. Om een grap kun je lachen, bij het verlies van iemand heb je verdriet en de confrontatie met een gevaarlijk dier zal angst oproepen. Ook boosheid kan worden opgeroepen, bijvoorbeeld wanneer je onrecht wordt aangedaan. Dergelijke prikkels noemen we *ontlokkers*. Het zijn de factoren die spanningsopbouw uitlokken.

Afbeelding 4.2
Agressie wordt opgeroepen door ontlokkers

Situaties waarin je spanning begint op te bouwen maken duidelijk waar bij jou ontlokkers liggen. Ontlokkers kunnen voor iedereen verschillend zijn. Daarnaast kun je op verschillende momenten ook verschillend reageren op ontlokkers. En er kunnen meerdere ontlokkers tegelijk een rol spelen. Het is noodzakelijk je bewust te worden van je eigen ontlokkers.

Opdracht 4.1

Wat zijn jouw 'ontlokkers'?
Kruis aan welke ontlokkers op jou van toepassing zijn. Vul ze aan met eigen voorbeelden.

- [ ] belediging
- [ ] misbruik
- [ ] als iemand zich niet aan de regels houdt
- [ ] geslagen worden
- [ ] gekleineerd worden
- [ ] machteloosheid
- [ ] pijn
- [ ] iets niet kunnen
- [ ] jaloezie
- [ ] autoriteiten
- [ ] gecommandeerd worden
- [ ] je zin niet krijgen
- [ ] ongewenste bemoeienis
- [ ] slecht weer
- [ ] iemand reageert zich af op jou
- [ ] niet nakomen van afspraken
- [ ] belastingaanslag
- [ ] iemand die huilt
- [ ] zeuren
- [ ] onrechtvaardigheid
- [ ] problemen met instanties
- [ ] als ik de ander niet kan overtuigen
- [ ] geluidsoverlast
- [ ] genegeerd worden
- [ ] slecht rijgedrag
- [ ] er wordt geen rekening met anderen gehouden
- [ ] kleine kinderen worden geslagen
- [ ] discriminatie
- [ ] geldgebrek
- [ ] niet gehoord worden
- [ ] financieel benadeeld worden
- [ ] als ik word aangevallen (onterecht)
- [ ] als ik niet over kom
- [ ] als ik niet weet waar ik aan toe ben
- [ ] als anderen overlast veroorzaken
- [ ] als ik voor schut word gezet
- [ ] als ik alcohol of drugs gebruik
- [ ] als ik van het kastje naar de muur word gestuurd
- [ ] als ik persoonlijk word geraakt
- [ ] als ik vermoeid ben
- [ ] sombere stemming

- [ ]
- [ ]
- [ ]

Niet iedereen wordt door dezelfde ontlokkers geprikkeld of in dezelfde mate geprikkeld. Wat voor de één een sterke ontlokker is zal voor de ander hooguit reden zijn om de schouders op te halen. De verklaring hiervoor vinden we terug in de rol die onze gedachten hierin spelen. Het onderzoeken van deze gedachten en vaardigheden om deze gedachten te kunnen corrigeren wordt behandeld in hoofdstuk 5.

4.3 De opbouwfase

De opbouwfase is de tijd tussen de ontlokker en de uitbarsting. Bij sommige mensen kan de opbouwfase heel lang duren, bij anderen is die fase erg kort. In de opbouwfase kun je merken dat zich spanning opbouwt in je lichaam en spelen gedachten en de dingen die je doet een rol.

Spanningsopbouw in het lichaam is iets wat buiten onze wil gebeurt. Het lichaam bereidt zich in situaties wanneer er een dreiging is of verwacht wordt, voor op vechten of vluchten. Deze voorbereiding, die razendsnel kan gaan, gaat gepaard met lichamelijke verschijnselen waarbij stress een belangrijke rol speelt. Denk maar eens aan een situatie waarin je flink geschrokken bent. Je zult gemerkt hebben dat er allerlei lichamelijke reacties volgden, zoals hartkloppingen, zweten, een toegenomen spierspanning en een versnelde ademhaling.

In de opbouwfase kun je naast lichamelijke signalen ook een verandering in je denken gewaar worden. Je gedachten kunnen sneller gaan dan je gewend bent en negatief of agressief van inhoud worden. Als je gaat terugdenken aan andere situaties waarin je hetzelfde negatieve gevoel ervoer, dan kan je boosheid verder toenemen. Wanneer je spanning toeneemt kun je minder goed tot je door laten dringen wat een ander zegt en kost het meer moeite om iets van een andere kant te bekijken.
In de afbeelding zie je de relatie tussen een opbouwfase en een agressie-uitbarsting. De opbouwfase gaat altijd vooraf aan een agressie-uitbarsting.

Afbeelding 4.3
Van ontlokkers tot uitbarsting

Om uitbarstingen te voorkomen is het van belang te weten of en in welke mate je spanning oploopt. Een probleem is dat je niet altijd voelt dat er spanning is. Of je voelt de spanning pas wanneer het eigenlijk al te laat is. Een oorzaak hiervan is het 'vernauwde bewustzijn' waar we eerder over spraken. Voor veel mensen is het überhaupt moeilijk om stil te staan bij hun gevoel. Toch zijn er tal van aanwijzingen die je duidelijk maken dat zich spanning aan het opbouwen is. Deze aanwijzingen moet je leren herkennen.

> Jenny heeft op haar werk 'woorden' gehad met een collega. Ze wilde een dienst ruilen, maar haar collega ging er niet op in. Nota bene, laatst had deze collega aan haar gevraagd een dienst te ruilen en ze had direct ja gezegd. Jenny reageerde boos en liep vrijwel direct weg, terwijl ze een schop gaf tegen een stoel.
> Onderweg naar huis blijft ze steeds opnieuw de 'film' afspelen van dit conflict. Ze neemt zich voor om haar collega nog eens goed de waarheid te zeggen. Ze herhaalt steeds in zichzelf wat ze van deze collega vindt. Wanneer ze thuiskomt zegt ze niets over wat er op haar werk is gebeurd die dag. Wel ergert zij zich direct aan de rommel in huis die de kinderen nog steeds niet hebben opgeruimd. Ze hadden het haar vanmorgen nog zo beloofd. Wanneer ze haar kinderen hierop aanspreekt vraagt haar man of ze dat nou niet anders had kunnen zeggen. Hierop slaan bij Jenny de stoppen door en ze begint te schreeuwen tegen haar man. Later vertelt ze dat de uitbarsting voor haar onverwacht kwam. Dat conflict op haar werk had toch niets met thuis te maken? Jenny wil gewoon dat anderen ook eens rekening met haar houden!

In bovenstaande situatie stond Jenny niet stil bij het feit dat ze door het conflict op haar werk al heel geladen thuiskwam. Dat haar man haar naar haar idee niet steunde was de bekende druppel. Haar man merkte de lading bij Jenny wel, maar kon die niet plaatsen. Hij vond haar reactie tegenover de kinderen overdreven, maar wist niets van wat eerder die dag op Jenny's werk was voorgevallen.

Opdracht 4.2

Signalen van spanningsopbouw
In onderstaand schema staat een aantal signalen die kunnen optreden bij spanningsopbouw op weg naar een uitbarsting. Kruis achter ieder signaal aan of je dit signaal bij jezelf herkent. Vraag vervolgens eens aan iemand die jou goed kent of hij of zij ook eens wil aankruisen welke signalen hij of zij bij jou herkent. Voeg eventueel eigen signalen toe die niet in de lijst staan. Geef ook aan of dit signaal hoort bij de groene, oranje of rode fase van de opbouwfase.

signaal	ik	ander	fase (groen, oranje rood)
hartkloppingen			
warm gevoel			
trillen/beven			
versnelde ademhaling			
vuisten ballen			
zweten			
stem verheffen			
onrustig bewegen			
jezelf 'groot' maken			
spieren aanspannen			
schelden/vloeken			
strakke blik			
argumenten herhalen			
beschuldigen			

ruw omgaan met spullen

negatieve gedachten

Het is nuttig om van jezelf te weten hoe gespannen je op een bepaald moment bent, want: hoe hoger de spanning, hoe riskanter de situatie. Om in te kunnen grijpen is het noodzakelijk dat je dat in een zo vroeg mogelijk stadium doet. Dit betekent dat de spanning dan niet al te hoog mag zijn. Het meten van spanning blijkt in de praktijk niet gemakkelijk, het is iets wat geoefend moet worden.

In de opbouwfase kan de spanning behoorlijk oplopen. Het ervaren van veel spanning is onprettig en je wilt graag dat de spanning afneemt. Wanneer spanning haast ondraaglijk wordt, lijk je naar een ontlading toe te worden geduwd. Je 'beslist' dan tot het uitvoeren van gedrag waarop vrijwel zeker een ontlading zal volgen of dat bij anderen een verdere confrontatie zal uitlokken. Dit noemen we het nemen van *schijnbaar onbelangrijke beslissingen* ofwel SOB.

> Guido is met vrienden op stap en staat in een café. Hij had er veel zin in om weer eens een gezellige avond met zijn vrienden te hebben. In het café is het erg druk en het is er warm. Achter Guido is een groepje jongeren nogal luidruchtig en wild aan het dansen. Guido ergert zich aan het groepje en heeft al eens met een kwade blik hun kant uitgekeken. Wanneer hij even later tegen een van hen zegt dat ze maar ergens anders moeten gaan vervelen ziet hij dat deze jongeman begint te lachen en geen aanstalten maakt om te vertrekken. Guido weet zeker dat hij werd uitgelachen door die knul. 'Hoe durft hij! Geen enkel respect hebben ze tegenwoordig meer! Hij verdient een lesje.' Wanneer hij even later ziet dat de bewuste jongeman naar de bar loopt gaat Guido daar ook iets bestellen. Aan de bar spreekt hij de jongen aan en geeft hem hierbij een flinke duw. De avond eindigt in een vechtpartij.

In het voorbeeld van Guido zien we dat hij in de opbouwfase besluit naar de bar te gaan om drank te bestellen. Dat is op zichzelf vrij normaal gedrag in een café. Maar Guido besluit dat te doen op het moment dat hij ziet dat de jongen met wie hij ruzie heeft, ook bij de bar staat. De beslissing om naar de bar te gaan blijkt dan een besluit met vérstrekkende consequenties. Dit is dan ook een voorbeeld van een 'schijnbaar onbelangrijke beslissing'.

Ander gedrag waarmee de kans op een uitbarsting toeneemt is bijvoorbeeld een ander provoceren (bijv. even je remlicht laten branden als er een bumperklever achter je rijdt) of uitschelden. De kans is immers groot dat je een reactie krijgt die jou nog bozer maakt. Het gebruik van middelen als alcohol kan de agressie ook verder laten oplopen. In de opbouwfase spelen dus gevoelens, gedrag, gedachten en eventueel middelengebruik een rol.

Je zou de opbouwfase in 3 fases kunnen onderverdelen en een kleur kunnen geven. De kleur staat voor de mate van gevaar voor een uitbarsting.

- De groene fase. In deze fase heb je ondanks je opkomende woede nog steeds controle over jezelf. Houd in deze fase goed in de gaten of de woede verder opbouwt.
- De oranje fase. Je woede loopt verder op en je voelt dat je jezelf al niet meer helemaal in de hand hebt. Probeer in deze fase de woede te laten zakken door weg te gaan of jezelf af te leiden. Geef ook aan je gesprekspartner aan dat je boos bent en niet wil dat het nog verder uit de hand loopt.
- De rode fase. Je bent nu dicht bij een uitbarsting. Probeer zo snel mogelijk weg te gaan uit de situatie.

4.4 Agressie-uitbarsting

De spanningsopbouw die plaatsvindt onder invloed van ontlokkers kan tot uiting komen in een agressie-uitbarsting. Deze opbouw kun je vergelijken met een afgesloten ketel met kokend water: als de druk te hoog wordt zal de pan exploderen. Ook bij een agressie-uitbarsting is er sprake van 'een te hoge druk'. Vlak voor het moment waarop je uitbarst is er een *kritieke fase* waarin je beslissingen neemt die grote gevolgen kunnen hebben. De kritieke fase wordt gemarkeerd door een moment dat we het *point of no return* noemen. Wanneer je deze grens passeert zal alles in jou op een uitbarsting gericht zijn. De spanning loopt zo hoog op dat de enige uitweg is: uitbarsten en zo je spanning ontladen. Je zou het kunnen vergelijken met het rijden in een doodlopende straat die steeds smaller wordt: hoe verder je in die straat komt, hoe moeilijker je nog kunt keren en hoe minder zijstraten er nog zijn. Uiteindelijk kun je alleen nog maar rechtdoor tegen een muur aan rijden.

Ook in de agressiecirkel speelt het 'point of no return' een rol.

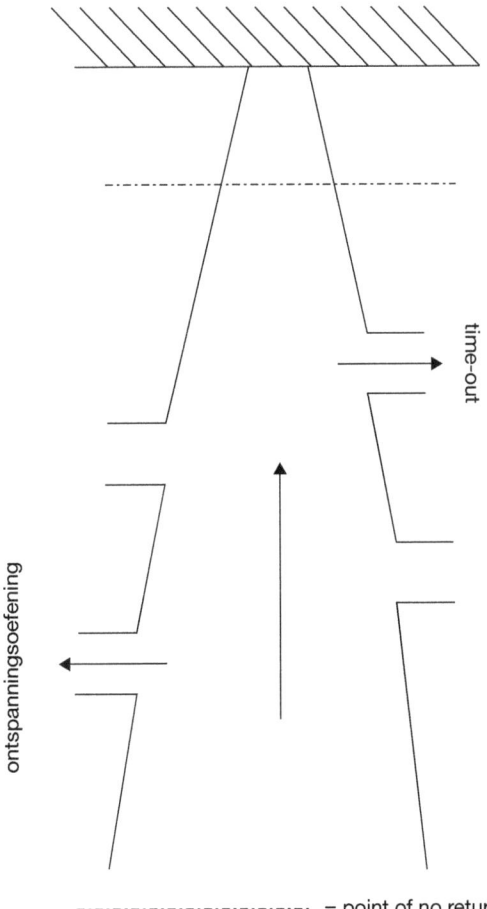

Afbeelding 4.4
'Point of no return'

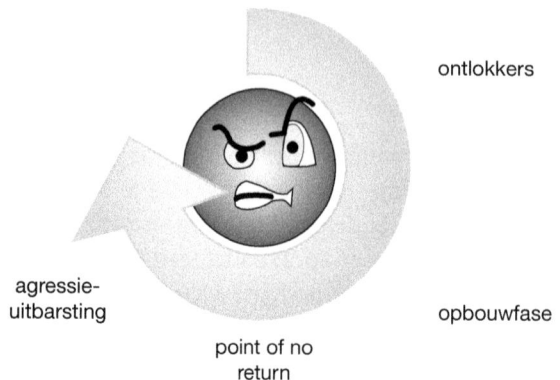

Afbeelding 4.5
Afbeelding Point of no return in de agressiecirkel

4.5
De kater komt altijd later!

Na een agressie-uitbarsting volgt een periode van ontspanning. De druk is van de ketel, je woede is eruit. Maar vroeg of laat krijg je de 'rekening' gepresenteerd. De confrontatie met de gevolgen van een agressie-uitbarsting zal veel mensen achteraf spijt doen hebben dat het zover is gekomen, want nu moet alles op alles worden gezet om te redden wat er te redden valt. Vaak willen plegers van huiselijk geweld de relatie zo snel mogelijk weer herstellen. De fase na een agressie-uitbarsting noemen we de *katerfase*.

> Wim heeft gisteren flink ruzie gehad met zijn vriendin. Zij kwam van een feestje van haar werk en vertelde dat ze gedanst had met een mannelijke collega. Wim reageerde fel en vermoedde dat er veel meer speelde tussen die twee. Hij heeft haar vervolgens uitgescholden voor hoer en geroepen dat ze maar moest oprotten. Hij is daarna naar bed gegaan en ze hebben elkaar niet meer gesproken. De volgende dag loopt Wim te denken aan gisteravond. Eerst voelt hij nog boosheid. 'Ze had me toch kunnen geruststellen?' Maar naarmate de dag verstrijkt begint Wim steeds meer te twijfelen aan zijn handelen. Heeft hij niet te snel geoordeeld? Hij wordt bang wanneer hij bedenkt dat zijn vriendin hem misschien wel zal verlaten vanwege zijn uitspraken. Hij rijdt op weg naar huis langs een bloemist en koopt een flinke bos rozen. Wanneer hij thuiskomt geeft hij het boeket aan zijn vriendin. Op een kaartje heeft hij sorry geschreven. Het valt Wim op dat zijn vriendin niet echt blij reageert op de bloemen.

Nu zal niet iedereen zich herkennen in het voelen van spijt na een uitbarsting. Je kunt er ook van overtuigd zijn dat de ander jou (moedwillig) tot een uitbarsting heeft gebracht en daarom geen schuldgevoelens hebben, noch spijt van je uitbarsting. Een boete of gerechtelijke vervolging kan ook een negatief gevolg van een uitbarsting zijn in de katerfase.

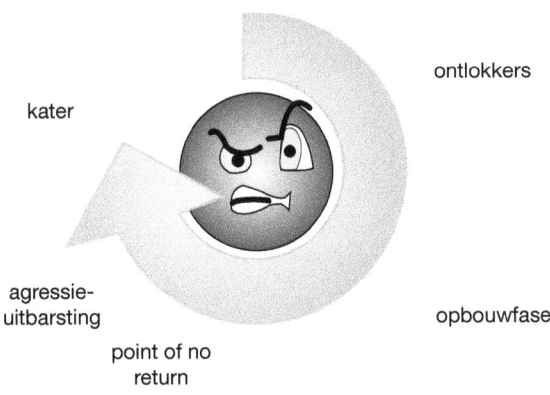

Afbeelding 4.6
Ten slotte: de kater

4.6 De agressiecirkel

In dit hoofdstuk heb je uitleg gekregen over factoren die een rol spelen bij agressie-uitbarstingen. We starten in de agressiecirkel steeds op het moment dat er eigenlijk niets aan de hand is. Dit noemen we de normale fase. Ontlokkers brengen je in een opbouwfase. Deze opbouwfase kan leiden tot een agressie-uitbarsting. Bij de meeste mensen zal zo'n uitbarsting gevolgd worden door de katerfase. Het kenmerk van een cirkel is dat er geen begin of einde aan zit en dat je, als je de cirkel volgt, steeds weer in dezelfde situaties terechtkomt. Ondanks het oprechte voornemen in de katerfase of de normale fase om agressie achterwege te laten, lukt dat vaak niet als er een ontlokker op je pad komt. We laten nogmaals de *agressiecirkel* zien, nu met al deze elementen.

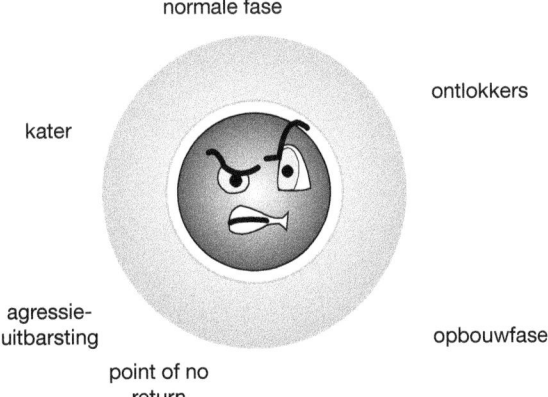

Afbeelding 4.7
De agressiecirkel zonder begin of eind

Een volgende stap in het leren beheersen van agressie-uitbarstingen is het in kaart brengen van alle factoren die een rol kunnen spelen of hebben gespeeld in jouw agressie-uitbarstingen. In het volgende hoofdstuk gaan we hier verder op in, met de introductie van de agressieketen.

5 Agressiescenario's

5.1 Leren van het verleden

Het onderzoeken van agressie-uitbarstingen uit het verleden levert belangrijke informatie op om uitbarstingen in de toekomst te voorkomen. Je maakt zichtbaar wat de aanleiding en de omstandigheden zijn geweest die vooraf zijn gegaan aan de uitbarsting en dit geeft handvatten om het een volgende keer anders te doen.

In het vorige hoofdstuk is de samenhang tussen verschillende factoren die een rol spelen in agressie-uitbarstingen al besproken. We hebben die samenhang zichtbaar gemaakt met behulp van de *agressiecirkel*. Je hebt onderzocht welke factoren en signalen in je verleden een rol hebben gespeeld bij uitbarstingen.

Een volgende stap is het stapsgewijs alle factoren in kaart brengen die bij jou een rol kunnen spelen bij agressie-uitbarstingen. Uitbarstingen verlopen meestal volgens een vast scenario. Een agressiescenario maken we zichtbaar met behulp van de *agressieketen*; een schema waarin je stapsgewijs de omstandigheden rondom de uitbarsting kunt uitwerken. Het is verstandig om de agressieketen steeds in te vullen na uitbarstingen of 'bijna' uitbarstingen. Door het analyseren van situaties met behulp van de uitgebreide agressieketen zal het je duidelijk worden waar je de accenten moet gaan leggen in je aanpak om het geweld te laten stoppen.

5.2 De agressieketen

In de agressieketen wordt de samenhang tussen omstandigheden, gedachten, gevoelens en gedrag die een rol spelen in agressieve uitbarstingen schematisch uitgewerkt. We volgen daarbij een aantal stappen die we al kennen van de *agressiecirkel* uit het vorige hoofdstuk.

De aanleiding tot de uitbarsting

Een agressieve uitbarsting is de uitkomst van een opeenstapeling van stressoren. Het begin daarvan kan ver vóór de uiteindelijke uitbarsting liggen. Vaak ben je je daar niet van bewust. Bovenaan in het schema van de uitgebreide agressieketen beschrijf je eerst wat er aan de uitbarsting vooraf is gegaan. Dat kunnen ervaringen uit het verleden zijn die maken dat je op een bepaalde manier naar de wereld kijkt of dat je voor bepaalde dingen gevoelig bent. Ook kunnen omstandigheden in je huidige leven een rol spelen in het verhogen van de spanning, zoals schulden, een scheiding, problemen met werk of instanties, enzovoort. Je stemming of lichamelijke conditie kan ook bepalen dat je voor een (bepaalde) ontlokker gevoeliger bent dan anders.

Afbeelding 5.1
Agressieketen

We geven steeds een voorbeeld van hoe je een bepaald onderdeel van de agressieketen invult.

Situatie

Wat ging eraan vooraf?
– Mijn ouders lieten mij vroeger aan mijn lot over. Dat accepteer ik nu van niemand meer.
– Ik heb een hectische dag achter de rug met vervelende toestanden op het werk.
Stemming:
– Moe en prikkelbaar.

De ontlokkers

Nadat je de situatie nauwkeurig hebt beschreven ga je uitwerken welke ontlokker(s) een rol heeft (hebben) gespeeld in de uitbarsting. Het gaat hier om de omstandigheden die als een trigger bij je hebben gewerkt waardoor je (verder) in de opbouwfase kwam. Bij het invullen van de ontlokkers kun je gebruik maken van de lijst met ontlokkers die je in opdracht 4.1 al eens hebt ingevuld.

Wanneer spanningsopbouw plaatsvindt gaat dit gepaard met lichamelijke signalen. Deze signalen beschrijf je hieronder eveneens. Het gaat hier om datgene wat je in je lichaam hebt gevoeld.

Ontlokker

Gebeurtenis:
– Ik kom thuis, de was ligt ongevouwen op de bank, het eten is niet klaar, de kinderen rennen druk door de kamer.
Gewaarwordingen:
– Trillende benen, warm.

De opbouwfase

Na het inventariseren van je ontlokkers ga je uitwerken waardoor je in de opbouwfase terecht bent gekomen. De situatie wordt daarbij ontleed in gedachten, gedrag, de remmers en ontremmers. Samen vormen deze de beïnvloedende factoren in de opbouwfase.

Bij *gedachten* vul je in welke gedachten op dat moment in die situatie door je hoofd gingen. Het zijn de gedachten die betrekking hebben op de gebeurtenis en de personen die een rol speelden bij deze gebeurtenis. Het kunnen ook gedachten over jezelf zijn of over anderen in relatie tot jezelf. Misschien herken je hier al gedachten die vaker in je op zijn gekomen, bij eerdere conflicten. Voorbeelden van agressieverhogende gedachten zijn: een ander heeft het recht niet mij zo te behandelen, ik kan er niet tegen als iemand zo tegen mij doet, ze zijn erop uit om me kapot te maken, enzovoort.

Of een conflict uit kan monden in een uitbarsting heeft o.a. te maken met de aanwezigheid van *remmers en ontremmers*. Onder remmers en ontremmers vallen de factoren die geweld stimuleren of afremmen. Het kan dan gaan om de aanwezigheid van anderen die aanmoedigen tot geweld of juist proberen de gemoederen te kalmeren. Ontremmers kunnen ook alcohol en drugs zijn. Van het gebruik hiervan is bekend dat het ontremmend kan werken en dus een doorslaggevende rol kan spelen wanneer je gespannen bent en op een uitbarsting af dreigt te gaan. Belangrijk is om bij jezelf in kaart te brengen of dit ook in jouw geval een rol speelt en of het nodig is om maatregelen te nemen wat betreft je eigen middelengebruik.
Ook een stemming of gemoedstoestand zoals onrust, honger of vermoeidheid kan maken dat je eerder geïrriteerd bent of de controle over jezelf verliest.

Na de remmers en ontremmers beschrijf je jouw *gedrag* in die situatie. Het gaat hier om het beschrijven van wat je concreet deed. Stel jezelf daarbij de vraag: 'wat deed ik precies?'

Opbouwfase

Gedachten:
- Alles moet thuis op orde zijn, ik moet de hele dag alle zeilen bijzetten om de zaak draaiende te houden, als het dan thuis een chaos is, kan ik de volgende dag niet voor 100% mijn werk doen, dan raak ik klanten kwijt en dan gaat de zaak misschien wel failliet en heb ik niets meer.

Remmers/ontremmers:
- Vermoeidheid.

Gedrag:
- Ik vraag aan mijn vrouw of ze soms de hele dag op haar reet gezeten heeft en ga naar de slaapkamer.

Situatie op Scherp

In de overgang van opbouwfase naar agressie-uitbarsting zijn (onbewuste) processen actief die we al in het vorige hoofdstuk behandelden. Hierbij speelt de *schijnbaar onbelangrijke beslissing* (SOB) vlak voor het *point of no return* een rol als gedrag dat verstrekkende gevolgen kan hebben. Het is de laatste stap die het conflict op scherp zet en kan leiden tot een agressieve doorbraak.

Schijnbaar onbelangrijke beslissingen zijn kleine beslissingen om handelingen uit te voeren die op zichzelf niet zo belangrijk lijken, maar die je stuk voor stuk verder van een structurele oplossing en dichter bij een uitbarsting brengen. Voorbeelden zijn iets gaan drinken in een café waar waarschijnlijk mensen zijn met wie je een conflict hebt of zo langzaam gaan rijden op de linker rijbaan dat de kans op bumperkleven door een ander vergroot wordt.

Vaak zal het dan alleen nog afhangen van wat de ander doet of het inderdaad uit gaat lopen op een handgemeen.

Situatie op Scherp

Schijnbaar Onbelangrijke Beslissingen (SOB's):
- Ik neem een time-out, maar doe dat zonder het aan te kondigen, ik benoem het niet en weet dat ze me dan achterna komt.

Omstandigheden:
- Jeanette is me achterna gekomen en ze zegt dat ik met niet moet aanstellen en dat ik de was zelf wel eens op kan ruimen.

Middelen:
- Afstandsbediening van de tv ligt op bed.

In het schema beschrijf je onder 'Situatie op Scherp' het gedrag dat valt onder de *schijnbaar onbelangrijke beslissing*. Ook beschrijf je hier de omstandigheden op dat moment. Je kunt hierbij denken aan datgene wat de ander deed. Het gaat ook dan om een vorm van een ontlokker. Bij middelen beschrijf je of er voorwerpen in de situatie aanwezig waren die je bij je uitbarsting gebruikte, zoals wapens of iets om mee te gooien.

Toch een uitbarsting

Hoe gemotiveerd je ook bent en hoe hard je ook werkt aan jezelf, er is altijd kans op herhaling van een agressieve uitbarsting. Dat dit gebeurt, betekent niet dat het je nooit zal lukken. We merkten al eerder op dat het veranderen van gedrag heel moeilijk is en gepaard gaat met vallen en opstaan.

Van een terugval kun je leren hoe het zover gekomen is. Werkte de door jou geleerde en toegepaste technieken niet of onvoldoende? Had je niet op tijd in de gaten dat je in de opbouwfase zat en was je daarom te laat met ingrijpen? De antwoorden op deze vragen zullen je in een volgende situatie juist beter in staat stellen om wel de greep op jezelf te behouden. Door hier serieus mee te gaan oefenen maak je de kans op herstel van vertrouwen bij de ander groter dan met een bosje bloemen!

Uitbarsting

Verbaal/materieel/fysiek:
— *Ik geef mijn vrouw een klap in haar gezicht en gooi de afstandsbediening van de tv tegen de muur.*

Beschrijf concreet en zonder voorbehoud op welke wijze de uitbarsting heeft plaatsgevonden.

Terugblikken op de situatie

Nadenken over de consequenties van je daden kunnen helpen om in de toekomst je gedrag in een andere richting te sturen. Het helpt je om gemotiveerd te blijven door jezelf duidelijk te maken waarom je indertijd begonnen bent om iets aan je agressieprobleem te gaan doen. We onderscheiden daarbij de gevolgen op korte en lange termijn en we onderscheiden positieve van negatieve gevolgen. Erkennen dat door het lint gaan op de korte termijn ook iets positiefs kan opleveren kan je helpen om een alternatief te gaan zoeken om een vergelijkbaar voordeel te behalen.

Terugblik op de situatie

Gevolgen korte termijn: positief/negatief
— *Positief: spanning ontladen*
— *Negatief: ruzie met Jeanette.*
Gevolgen lange termijn: positief/negatief
— *Negatief: de kinderen zijn bang van mij.*
— *Negatief: ik baal van mezelf.*

Opdracht 5.1

De agressieketen
De komende tijd ga je een bij voorkeur recente uitbarsting uitwerken met behulp van de agressieketen op onderstaand formulier. Je kunt hiervoor bijvoorbeeld de situatie kiezen waarin een uitbarsting uiteindelijk de aanleiding is geweest om in therapie te gaan. Bij het uitwerken van het schema volg je de stappen die je

hiervoor in dit hoofdstuk worden aangereikt. Ook ga je gebruik maken van informatie uit de vorige hoofdstukken en informatie in de nog komende hoofdstukken. De opdracht wordt afgesloten met het presenteren van jouw *agressieketen* in een groepssessie aan de andere groepsleden of, indien je niet deelneemt aan een groepsbehandeling, aan je behandelaar.

Situatie
Wat ging eraan vooraf? (verleden, omstandigheden)

Stemming:

Ontlokker
Gebeurtenis:

Gewaarwordingen:

Opbouwfase
Gedachten:

Remmers/ontremmers:

Gedrag:

Situatie op Scherp
Schijnbaar Onbelangrijke Beslissingen (SOB's):

Omstandigheden:

Middelen:

Uitbarsting
Verbaal/materieel/fysiek:

Terugblik op de situatie
Gevolgen korte termijn: positief/negatief

Gevolgen lange termijn: positief/negatief

6 Technieken om agressie te voorkomen

In dit hoofdstuk en het volgende behandelen we een aantal technieken die kunnen helpen bij het voorkomen van agressie; de time-out-procedure, ontspanning en gedachtetraining. Deze technieken kun je gebruiken tijdens de opbouwfase.

6.1 De time-out-procedure

Time-out is een techniek die je kunt gebruiken als je in een contact merkt dat de spanning oploopt. Je voelt bijvoorbeeld dat je lichaam zich steeds meer gaat aanspannen, dat je agressieve gedachten krijgt, dat je met stemverheffing gaat praten of dat je zo boos wordt dat je niet meer hoort wat de ander tegen je zegt.
In zo'n situatie neemt het risico op een uitbarsting toe.
Het beste is tijdelijk uit de situatie weg te gaan en pas weer terug te komen als de spanning gezakt is. Je kunt dan weer op normale toon met elkaar praten en je kunt naar de ander luisteren. Er is een aantal regels voor hoe je samen een goede time-out kunt nemen.

De regels

We gaan uit van een situatie van twee partners.
- Beide partners kunnen een time-out aanvragen.
- Aarzel niet te lang voordat je een time-out aanvraagt. Een time-out kun je beter te vroeg dan te laat aanvragen. Bedenk dat een time-out aanvragen niet hetzelfde is als bakzeil halen, verliezen of weglopen. Het is een adempauze voor jezelf en de ander.
- Maak van tevoren een lijst met activiteiten die je kunt ondernemen tijdens het eerste deel van een time-out (bijv. fietsen, wandelen, de hond uitlaten, computeren). Het moet ook een activiteit zijn die jouzelf en anderen niet in gevaar brengt (zoals autorijden) of die negatieve reacties oproept bij je partner (zoals naar het café gaan).
- Het aanvragen van een time-out moet door beide partijen gerespecteerd worden.
- Een time-out wordt aangevraagd als de emoties of de spanning te hoog oplopen.
- Een time-out wordt aangevraagd door de woorden 'time-out' te zeggen, eventueel begeleid door een van tevoren vastgesteld gebaar of teken.
- Een time-out duurt minimaal 30 minuten, langer wanneer dat nodig is (ook maximale tijdsduur afspreken!).
- Als de time-out ingaat, nemen beide partners fysiek afstand van elkaar en houden beiden op met praten. Degene die de time-out vraagt gaat als eerste weg. Spreek af waar jij en je partner zullen zijn gedurende de time-out.
- Zoek tijdens de time-out geen enkel contact met je partner.
- Beide partners zoeken afleiding die de spanning vermindert.

- Beide partners denken na over een constructieve manier om het gesprek te hervatten en schrijven hun gedachten daarover op.
- De aanvrager van de time-out is verantwoordelijk voor herstel van het contact.
- Er wordt niet direct teruggekomen op het conflict. Dat doe je later en zo nodig in een gesprek met een hulpverlener.
- Mocht er tijdens het bepreken van het conflict weer spanning ontstaan, dan neem je weer een time-out.

Opdracht 6.1

Hoe neem ik een time-out?
Hoe laat je aan je partner weten dat je een time-out wilt nemen?

Waar ga je tijdens de time-out naartoe?

Wat doe je tijdens de time-out om weer rustiger te worden?

Hoe herstel je na de time-out het contact?

6.2 Ontspanning

Gericht oefeningen doen om te ontspannen is een manier om de spanning in het lichaam te verlagen en innerlijk tot rust te komen. Daarom gaan we hier wat dieper in op ontspanningsoefeningen en beschrijven we er een aantal.

Ontspannen is een vaardigheid die je moet leren. Raak niet ontmoedigd als de oefeningen in het begin nog niet ontspannend zijn; je kunt je leren ontspannen. Kies ten minste één, liefst twee rustige momenten op de dag om te oefenen. Ga niet oefenen als je haast hebt, bijvoorbeeld omdat je snel naar je werk moet. Het is ook niet goed om te oefenen met een volle maag. Zorg dat je niet gestoord kunt worden door bijvoorbeeld thuiskomende kinderen of de telefoon. Als je geleidelijk steeds vaardiger wordt in het ontspannen kun je ook experimenteren met een aantal oefeningen in een drukkere omgeving. Tot slot: zorg dat je lekker zit of ligt en geen knellende kleren aan hebt.

Manieren om te ontspannen

ONTSPANNEN MET MUZIEK

Zet muziek naar jouw keuze op. Luister eerst gewoon een tijdje. Richt dan al je aandacht op een van de stemmen of instrumenten die je hoort. Richt je vervolgens op de melodielijn of het ritme van dat instrument. Richt je aandacht dan op een andere stem of ander instrument. Luister vervolgens weer naar het geheel.

ONTSPANNEND WANDELEN

Loop door het bos, langs de zee, door het park, door de wijk, en richt al je aandacht op wat je om je heen ziet: de bomen, het licht, de kleuren. Richt vervolgens je aandacht op alle geluiden die je hoort: de vogels, de wind, mensen. Richt dan je aandacht op alle geuren. Richt vervolgens je aandacht op hoe het voelt om door het bos, over het zand, over de weg te lopen: je voeten op de grond, de wind in je gezicht, de lucht in je longen. Richt tot slot je aandacht op alles tegelijkertijd, dus op wat je ziet, hoort, ruikt en voelt.

TERUG NAAR EEN ONTSPANNEN MOMENT

Sluit je ogen en stel jezelf een favoriete ontspannen situatie voor, bijvoorbeeld een vakantiemoment. Waar was je, wat zag je, wat hoorde je, wat rook je? Haal het gevoel van ontspanning dat je toen had terug.

ADEMHALINGSOEFENING

Veel mensen halen 'te hoog' adem, dat wil zeggen door de borst in plaats van door de buik. De schouders komen hierbij omhoog en de ademhaling is snel en oppervlakkig, het is een 'gespannen' ademhaling.
De volgende oefening stimuleert de buikademhaling, een 'ontspannen' manier van ademhalen.

Haal diep adem door je neus, waarbij je buik moet uitzetten bij de inademing, alsof er een ballon in je buik vol loopt met lucht. Je kunt dit controleren door je hand op je buik te leggen; als het goed is komt je buik omhoog als je inademt. Let erop dat je je schouders hier níet bij optrekt en dat je borst níet uitzet. Adem langzaam uit, hoorbaar, via je mond, alsof de ballon weer leegloopt. Hierbij trekt je buik vanzelf weer in. Herhaal dit een aantal keren rustig achter elkaar en let erop dat je langer uitademt dan inademt. Je kunt dit controleren door mee te tellen, bijvoorbeeld 3 of 4 tellen inademen en 4 of 5 tellen uitademen. Doe deze oefening ongeveer drie keer per dag om het goed onder de knie te krijgen.

CONTACT

Ga op je rug liggen, op een niet te zachte ondergrond, bijvoorbeeld een matje of een vloerkleed. Leg je benen iets uit elkaar en je armen iets van je af, met je handpalmen naar boven. Adem diep en regelmatig via je buik, volgens de hierboven beschreven techniek. Wees je bewust van de punten waarop je lichaam contact maakt met de ondergrond. Laat de spanning via de contactpunten weglopen.

PROGRESSIEVE RELAXATIE

Er zijn cd's te verkrijgen met specifieke ontspanningsoefeningen. Een veelgebruikte ontspanningsmethode is die van de progressieve relaxatie, oftewel geleidelijke ontspanning.

In deze oefening worden systematisch alle spier(groep)en afgegaan, door deze eerst aan te spannen en dan te ontspannen. Sommige van deze spieren zijn vrij gemakkelijk te ontspannen, bijvoorbeeld die van de armen en benen. Andere spieren zijn moeilijker te ontspannen, zoals die van de nek en de buik.

We zijn ons er niet altijd van bewust waar deze spieren zitten en of we ze aanspannen of niet. Door te oefenen met het aanspannen en het langzaam weer loslaten van de afzonderlijke spieren leer je waar de spanning zich ophoopt in het lichaam en leer je deze lichaamsdelen weer te ontspannen.

Ontspannen in moeilijke situaties

Als je de ontspanningsoefeningen goed kunt toepassen in situaties waarin je redelijk ontspannen bent kun je ertoe overgaan ze ook te gebruiken in situaties waarin je merkt dat de spanning aan het oplopen is. Je kunt dat bijvoorbeeld doen als je tijdens een gesprek merkt dat je steeds drukker en harder gaat praten. Je kunt dan rustig in je stoel gaan zitten met je rug tegen de leuning en een hand op je buik, zodat je goed kunt voelen of je een ontspannen ademhaling hebt.

7 Gedachtetraining

Gedachten hebben invloed op hoe je je voelt. Daarbij is het belangrijk onderscheid te maken tussen gebeurtenissen en gedachten, oftewel tussen observeren en interpreteren. Je kunt onderzoeken of gedachten realistisch zijn en zo nodig kun je gedachten bijstellen. Bij agressie komen bepaalde gedachten vaak voor.

7.1 Observeren en interpreteren

Gebeurtenissen of dingen die iedereen kan zien noemen we *observaties*. Als je zegt dat Jan aan het voetballen is, is dat iets wat iedereen kan zien. Dat is dus een observatie. Als iemand zegt dat Jan een goede voetballer is, dan is het best mogelijk dat iemand anders dat níet vindt. We noemen dat een gedachte, een *interpretatie*. Een observatie is een werkelijkheid die iedereen op dezelfde manier ziet, een interpretatie is een gedachte die waar kan zijn maar ook niet waar en waar iemand anders een andere mening over kan hebben.

Opdracht 7.1

Observeren en interpreteren
Ga bij de volgende uitspraken na of het een interpretatie of een observatie is.
Geef als het een interpretatie is een andere mogelijke interpretatie.

Mijn baas groette mij niet vanmorgen, hij zal mij wel niet mogen.
observatie/interpretatie

Toen ik dat tegen hem zei, zag ik zijn gezicht betrekken.
observatie/interpretatie

Ze zaten mij daar gewoon weg te kijken.
observatie/interpretatie

Ze probeert mij altijd voor paal te zetten op verjaardagen.
observatie/interpretatie

Hij bloost altijd zo, hij zal wel iets te verbergen hebben.
observatie/interpretatie

Toen ik binnenkwam, ging hij gauw weg.
observatie/interpretatie

Mensen spreken mij niet vaak aan omdat ze mij saai vinden.
observatie/interpretatie

Toen ze mij op straat zag lopen, deed ze net of ze me niet zag.
observatie/interpretatie

Hij zei niets en keek mij strak aan.
observatie/interpretatie

Ik zie aan zijn ogen dat hij iets van plan is.
observatie/interpretatie

Hij zei tegen me dat ik maar beter kon maken dat ik weg was.
observatie/interpretatie

Toen ik binnenkwam hielden ze op met praten, ze hadden het natuurlijk over mij.
observatie/interpretatie

7.2 De invloed van gedachten

Vaak heb je het idee dat een situatie een bepaald gevoel bij je oproept. Dit blijkt wat ingewikkelder in elkaar te zitten, want dezelfde situatie kan bij verschillende mensen totaal verschillende gevoelens opleveren.
Bijvoorbeeld:

situatie	*situatie*	*situatie*	*situatie*
Hans wil een nieuwe auto kopen. Hij heeft een bepaald merk op het oog. Zijn vrouw zegt dat ze liever een ander merk auto heeft.	Kees wil een nieuwe auto kopen. Hij heeft een bepaald merk op het oog. Zijn vrouw zegt dat ze liever een ander merk auto heeft.	Henk wil een nieuwe auto kopen. Hij heeft een bepaald merk op het oog. Zijn vrouw zegt dat ze liever een ander merk auto heeft.	Jan wil een nieuwe auto kopen. Hij heeft een bepaald merk op het oog. Zijn vrouw zegt dat ze liever een ander merk auto heeft.
gevoel	*gevoel*	*gevoel*	*gevoel*
blij	boos	somber	gespannen

Hoe kan dat? Blijkbaar roept niet de situatie zelf bij ons gevoelens op. Er zit nog iets tussenin en dat is de manier waarop we tegen die situatie aankijken. We hebben bepaalde gedachten, overtuigingen, normen en waarden die maken dat we een situatie op een bepaalde manier ervaren. Bij de mensen uit ons voorbeeld zou het bijvoorbeeld als volgt kunnen worden verklaard.

situatie	situatie	situatie	situatie
Hans wil een nieuwe auto kopen. Hij heeft een bepaald merk op het oog. Zijn vrouw zegt dat ze liever een ander merk auto heeft.	Kees wil een nieuwe auto kopen. Hij heeft een bepaald merk op het oog. Zijn vrouw zegt dat ze liever een ander merk auto heeft.	Henk wil een nieuwe auto kopen. Hij heeft een bepaald merk op het oog. Zijn vrouw zegt dat ze liever een ander merk auto heeft.	Jan wil een nieuwe auto kopen. Hij heeft een bepaald merk op het oog. Zijn vrouw zegt dat ze liever een ander merk auto heeft.
gedachte	*gedachte*	*gedachte*	*gedachte*
Mijn vrouw denkt met me mee. Ze wil me dus helpen een goede beslissing te nemen.	Waar bemoeit ze zich toch mee! Ze denkt het natuurlijk weer beter te weten! Zij gunt me helemaal niks. Ze neemt me niet serieus. Ik hoef dit niet te pikken.	Als ik eens wat wil, gaat het nooit door. Ze houdt zeker niet van me.	Waarom is ze het niet met me eens? Misschien laat ze zich door iemand opstoken.
gevoel	*gevoel*	*gevoel*	*gevoel*
blij	boos	somber	gespannen

Als je op een bepaalde manier over een situatie denkt, roept dat bepaalde gevoelens op maar maakt dat ook dat je je in die situatie op een bepaalde manier gaat gedragen. Dit heeft weer gevolgen voor de situatie. Dit zou er in ons voorbeeld als volgt uit kunnen zien:

situatie	situatie	situatie	situatie
Hans wil een nieuwe auto kopen. Hij heeft een bepaald merk op het oog. Zijn vrouw zegt dat ze liever een ander merk auto heeft.	Kees wil een nieuwe auto kopen. Hij heeft een bepaald merk op het oog. Zijn vrouw zegt dat ze liever een ander merk auto heeft.	Henk wil een nieuwe auto kopen. Hij heeft een bepaald merk op het oog. Zijn vrouw zegt dat ze liever een ander merk auto heeft.	Jan wil een nieuwe auto kopen. Hij heeft een bepaald merk op het oog. Zijn vrouw zegt dat ze liever een ander merk auto heeft.
gedachte	*gedachte*	*gedachte*	*gedachte*
Mijn vrouw denkt met me mee. Ze wil me dus helpen een goede beslissing te nemen.	Waar bemoeit ze zich toch mee! Ze denkt het natuurlijk weer beter te weten! Zij gunt me helemaal niks. Ze neemt me niet serieus. Ik hoef dit niet te pikken.	Als ik eens wat wil, gaat het nooit door. Ze houdt zeker niet van me.	Waarom is ze het niet met me eens? Misschien laat ze zich door iemand opstoken.
gevoel	*gevoel*	*gevoel*	*gevoel*
blij	boos	somber	gespannen
gedrag	*gedrag*	*gedrag*	*gedrag*
Samen praten over welke auto het beste bij het budget en het gebruik past.	Schreeuwen.	Terugtrekken.	Geïrriteerd reageren.

effect van het gedrag	*effect van het gedrag*	*effect van het gedrag*	*effect van het gedrag*
Zijn vrouw voelt zich serieus genomen en vindt het prettig er met Hans over te praten.	Vrouw begint ook te schreeuwen. Ruzie.	Vrouw begint te klagen dat hij zo stil is.	Vrouw raakt ook geïrriteerd. Ruzie.

Zo zie je dat je manier van denken grote invloed kan hebben op je gevoel, gedrag en de situatie.

Denken gaat vaak heel snel en je bent je nauwelijks bewust van je gedachten. Van je gevoel ben je je juist wel bewust en dat wordt aangestuurd door je gedachten.
Je manier van denken wordt bepaald door ervaringen die je in je leven opdoet. Vaak zullen dat gedachten zijn die kloppen. Soms zijn het gedachten die niet kloppen en waar je last van hebt.
Het is dus belangrijk om na te gaan of je gedachten kloppen en of het wel een handige manier van denken is. Een hulpmiddel om gedachten te onderzoeken is het *gedachteschema*.

7.3 Emoties

Alvorens tot de uitleg van het gedachteschema over te gaan is het belangrijk nog wat uitgebreider stil te staan bij het onderwerp 'gevoelens'. Er zijn verschillende gevoelens:

Positieve gevoelens
Dit zijn gevoelens die je graag hebt en waar je je prettig bij voelt.
Bijvoorbeeld: blij, tevreden, ontspannen, opgelucht.

Neutrale gevoelens
Dit zijn gevoelens zonder een bepaalde richting. Ze zijn niet echt positief, maar zeker ook niet negatief.

Negatieve gevoelens
Dit zijn gevoelens die je liever niet hebt. Het volgende onderscheid is hierin te maken:
- gewenste, aangepaste, normale negatieve gevoelens;
- ongewenste, onaangepaste, abnormale gevoelens.

Het verschil tussen gewenste en ongewenste negatieve gevoelens wordt goed zichtbaar als je de twee naast elkaar zet:

gewenste negatieve gevoelens	*ongewenste negatieve gevoelens*
- teleurgesteld, verdrietig - boos - spanning ervaren	- depressief, neerslachtig, apathisch (lusteloos, tot niets meer komen) - agressief, vijandig, vervuld van haat - angstig, in paniek

Als je bijvoorbeeld bent gezakt voor je rijexamen is het normaal dat je je teleurgesteld voelt. Dat is geen prettig gevoel. De situatie is dan ook niet plezierig. Als je woedend bent omdat je voor je rijexamen bent gezakt, dan gaat het om een veel sterker negatief gevoel dan alleen teleurgesteld zijn. Je woedend of neerslachtig voelen (ongewenste negatieve gevoelens) helpt je niet verder; daar word je alleen maar vervelender van. Teleurgesteld zijn (gewenste negatief gevoel) past bij de situatie. Teleurstelling leidt tot aanpakgedrag: je vraagt opnieuw je rijexamen aan en gaat verder met les nemen.

Het verschil tussen gewenste en ongewenste negatieve gevoelens heeft te maken met overreageren. Overreageren betekent dat je *te sterk* reageert op situaties of gebeurtenissen die je als niet zo plezierig ervaart. Bij onplezierige gebeurtenissen is het heel natuurlijk dat iemand zich teleurgesteld of geërgerd voelt. Bij overreageren gaat de reactie verder dan een gewone teleurstelling; de situatie wordt erger gemaakt dan die in werkelijkheid is. Door de situatie op zo'n manier te bekijken raak je alleen maar meer overstuur en voel je je extra ellendig. Deze onprettige gevoelens zorgen ervoor dat je je anders gaat gedragen dan je eigenlijk zou willen.

Samengevat:
– gewenste, aangepaste en normale negatieve gevoelens leiden tot aanpakgedrag;
– ongewenste, onaangepaste en abnormale negatieve gevoelens leiden tot niets doen, vermijden of ontploffen.

7.4 Het gedachteschema

Het *gedachteschema* is een hulpmiddel om 'overreageren' aan te pakken.
Gevoelens worden voor een groot deel bepaald door gedachten. Door het veranderen van gedachten kunnen gevoelens en gedrag worden veranderd. Het veranderen van gedachten valt onder de zogenoemde 'cognitieve therapie' (cognitie' = 'vermogen te kennen, te leren').
Het is niet de bedoeling dat je door het toepassen van het gedachteschema voor altijd vervelende gevoelens leert vermijden. Het is begrijpelijk dat je bij een vervelende gebeurtenis overvallen wordt door allerlei negatieve gedachten en gevoelens. Je bent meestal niet in staat een situatie te veranderen. Het doel ervan is: ongewenste gevoelens in gewenste gevoelens veranderen; deze gewenste gevoelens kunnen zowel positief, neutraal als negatief zijn.
Met behulp van het schema kun je jezelf trainen op een andere manier naar je doen en laten te kijken.
Hoe gaat deze methode in zijn werk? Aan de hand van het volgende voorbeeld wordt uitgelegd hoe cognitieve therapie toe te passen.

Een voorbeeld
John komt thuis na een zeer drukke dag. Zijn vrouw Wendy zit aan de telefoon te praten met haar vriendin. John ergert zich, want hij wil vertellen wat er is gebeurd op zijn werk. Wendy reageert niet en gaat gewoon door met bellen.
Omdat John zijn gevoelens als zeer onprettig ervaart, gaat hij deze situatie uitwerken met behulp van het gedachteformulier.

Stap 1 *Wat is de gebeurtenis? Waar ben ik? Wie is erbij? Wat gebeurt er?*
Ik kom thuis en Wendy zit aan de telefoon met haar vriendin. Ze zegt niets tegen me en gaat door met bellen.

Stap 2 *Wat is de gewaarwording (wat voel ik in mijn lichaam)?*
Ik krijg het warm.

Stap 3 *Wat is mijn gevoel?*
Van streek, gekwetst, boos.

Wat is de sterkte van mijn gevoel van 0 tot 100?
60

Stap 4   *Wat is mijn gedrag (wat doe ik)?*
Naar boven lopen en achter de computer zitten.
Wat is het effect van mijn gedrag?
Ik voel me nog bozer.

Stap 5   *Wat zijn mijn gedachten (wat denk ik)?*
- Ze had me gedag kunnen zeggen.
- Ze is alleen met zichzelf bezig.
- Ik ben niet belangrijk voor haar.
- Ze ziet me niet staan.
- Ik wou dat ze het gesprek afgebroken had, zo verpest ze mijn hele avond.

Hoe geloofwaardig zijn mijn gedachten van 0 tot 100?
80

Stap 6   *Onderzoeken: stel kritische vragen over de gedachten*
- Moet ze me gedag zeggen?
- Is ze alleen met zichzelf bezig?
- Ben ik belangrijk voor haar?
- Ziet ze me niet staan?
- Is mijn hele avond verpest?

Stap 7   *Wat is het antwoord op bovenstaande vragen?*
- Misschien is het mijn vrouw niet opgevallen dat ik een drukke dag heb gehad op het werk. Ik kan geen gedachten lezen. Als ze aan de telefoon is, kan ze me niet meteen gedag zeggen.
- Nee, ze zorgt goed voor ons gezin.
- Ik weet niet of ik niet belangrijk voor haar ben of dat ze me niet ziet staan, ik kan geen gedachten lezen. Ik zou het haar wel kunnen vragen.
- Ik vind het jammer, maar de wereld vergaat niet.

Stap 8   *Nieuwe gedachten (zet een nieuwe gedachte tegenover de gedachten die je in die situatie had)*
Ik wou dat Wendy wat tegen me gezegd had, jammer dat ze dat niet heeft gedaan.
Hoe geloofwaardig is deze gedachte van 0 tot 100?
70

Stap 9   *Wat is het gevoel bij de nieuwe gedachten?*
Geïrriteerd.
Hoe sterk is dit gevoel van 0 tot 100?
30

Stap 10 *Nieuw gedrag: Wat kost het? Wat levert het op?*
Als Wendy heeft opgehangen zeg ik tegen haar dat ik het jammer vind dat ze niet meteen ophing toen ik thuiskwam en dat ik graag mijn verhaal kwijt wilde over mijn werk.

Samengevat: de kern van het 'G-schema' is dat het niet de gebeurtenissen in je leven zijn die bepalen hoe je je voelt en je gedraagt, maar de manier waarop je – zonder erbij na te denken – tegen die gebeurtenissen aankijkt: je automatische gedachten.

Tip 1

Soms is het lastig om je gevoel duidelijk onder woorden te brengen. Het volgende ezelsbruggetje kan hierbij helpen.
Er zijn vier hoofdgroepen van gevoelens, ook wel de vier B's genoemd:
Bang – Boos – Bedroefd – Blij

Voor deze hoofdemoties kun je ook andere woorden kiezen, woorden die beter aansluiten bij hoe jij in die situatie dat gevoel ervaart, bijvoorbeeld: gespannen, geïrriteerd, somber, vrolijk. Ook kunnen andere emoties zoals schaamte, schuldgevoel, jaloezie of trots een rol spelen.

Het gaat bij de gevoelens uit het voorbeeld van John – 'ik voelde mij van streek, boos, gekwetst' – om gevoelens van boosheid en bedroefdheid. Als je zelf een gedachteformulier invult, ga dan bij het invullen van het ongewenste gevoel de hoofdgroepen van gevoelens (de vier B's) langs en kijk welk gevoel het meest van toepassing is.

Tip 2

Of je werkelijk alle gedachten die opkwamen naar aanleiding van de gebeurtenis hebt opgeschreven, kan als volgt gecheckt worden:
Vertel iemand die niets met de situatie te maken heeft wat er is gebeurd en welke gedachten je bij deze gebeurtenis hebt opgeschreven. Deze persoon moet zich inleven in jouw gedachten en daarna zeggen wat je hebt opgeschreven bij de ongewenste gevoelens. Geeft deze persoon een ander gevoel aan dan jij hebt opgeschreven, dan heb je blijkbaar nog een belangrijke gedachte niet vermeld.

In het voorbeeld van John is uitgelegd hoe hij zijn gedachten heeft onderzocht. Hier zijn hulpmiddelen voor.

Hulpmiddelen voor het onderzoeken van gedachten

Om gevoelens en gedrag te veranderen moeten de gedachten kritisch onder de loep genomen worden. Daarvoor is het belangrijk stil te staan bij de volgende vraag: van wat voor soort gedachten raken mensen overstuur? Zijn er bepaalde ideeën/opvattingen waardoor mensen zich ongelukkig voelen?

Bijna alle ideeën/opvattingen die ongelukkig maken en/of ellende veroorzaken hebben één ding gemeen:
ze bevatten één van de volgende woorden:
– 'VERSCHRIKKELIJK'
– 'MOET'
– 'ALTIJD/NOOIT'

of de gedachten gaan over:
- wat iemand anders wel/niet denkt (het zogenoemde GEDACHTEN LEZEN)
- wat er wel/niet in de toekomst zal gebeuren (de TOEKOMST VOORSPELLEN)

'Verschrikkelijk'
De gevoelswaarde bij het woord 'verschrikkelijk' is dat het werkelijk een ramp is wat er is gebeurd. Het is het allerergste wat je kan overkomen. Als je naar de realiteit kijkt is dit vaak overdreven. De situatie kan hoogstens ongemakkelijk zijn, maar voordat je spreekt over een echte ramp moet er veel meer aan de hand zijn.

'Moet'
Bij het woord 'moet' worden van verlangens eisen gemaakt. Het mag niet anders gaan dan jij vindt dat het moet gaan. Er is geen andere keus. Het betekent: 'ik moet per se mijn zin hebben, er mag geen tegenslag zijn want ik wil dat niet hebben'. De gevoelswaarde achter het woord 'moet' is altijd een irreële eis.
Een voorbeeld. Als je denkt 'ik mag geen fouten maken' en je maakt toch een fout, dan voel je je daarna erg ellendig. De gedachte 'ik mag geen fouten maken' is irreëel: mensen zijn feilbaar en maken fouten. Je gaat je alleen maar extra ongelukkig voelen als je aan deze gedachte blijft vasthouden.

'Altijd' of 'Nooit'
Als het woord 'altijd' of 'nooit' in een gedachte voorkomt, wijst dat er over het algemeen op dat die gedachte irreëel is. Deze woorden houden extremen in. Bijvoorbeeld: 'hij luistert nooit naar me'. Je kunt je dan afvragen of hij werkelijk nog nooit, geen enkele keer sinds je hem kent, naar je heeft geluisterd. Veelal kom je erachter dat dit een geval van overdrijven is.

Gedachten lezen
Gedachten lezen, bijvoorbeeld 'ze zullen denken dat ik dom ben' of 'ze mag me vast niet' heeft alles te maken met het al invullen wat de ander denkt en vindt zonder dat je weet of het echt zo is. Een gedachte over wat de ander wel/niet denkt kan op die manier een heel eigen leven gaan leiden. Je kunt je extra beroerd gaan voelen terwijl het heel goed mogelijk is dat je gedachte totaal ongegrond is.

Toekomst voorspellen
De toekomst voorspellen aan de hand van gedachten als bijvoorbeeld: 'het komt nooit meer goed', 'met mij zal het altijd mis gaan', 'ik kan niet veranderen' enzovoort, is niet goed voor je stemming en je gevoel van eigenwaarde. Van dit soort gedachten ga je je alleen maar beroerder voelen. Ongeloof in de mogelijkheden dat het anders kan, dat je kunt veranderen, zorgt voor stilstand. De toekomst staat echter open en je kunt het niet allemaal van te voren precies invullen hoe het zal gaan. Door hard aan de slag te gaan met het aanleren van ander gedrag kan zeer veel bereikt worden.

Vragen die helpen je gedachten te onderzoeken:

- Is deze gedachte wel waar? Heb ik er goede bewijzen of aanwijzingen voor?
- Zijn er andere verklaringen mogelijk waar ik nog niet aan gedacht heb?
- Let ik maar op één kant van de zaak? Wat laat ik buiten beschouwing?
- Worden mijn gedachten erg gestuurd door mijn stemming? Zou ik anders denken als mijn stemming positief was?
- Wat wil ik bereiken en helpt deze gedachte mij dat te bereiken?
- Helpt deze gedachte mij om onnodige nare gevoelens te voorkomen?

- Hoe zou iemand anders oordelen over de situatie als die zich in mijn positie bevond?
- Hoe zou ik oordelen als ik in de positie van de ander zou zijn?
- Zijn mijn beoordelingen gebaseerd op wat ik feitelijk deed of op hoe ik mij voelde?
- Leg ik mezelf of anderen te hoge of onmogelijke eisen op? Wil ik iets bereiken wat onmogelijk is?
- Ben ik gedachten van anderen aan het invullen? Weet ik 100 % zeker wat anderen denken?
- Vergeet ik naar de positieve kanten te kijken? Wat zijn de positieve kanten?
- Let ik te veel op sommige details en vergeet ik daarbij andere belangrijke zaken?
- Denk ik zwart-wit: alles of niets, goed of fout?
- Overschat ik mijn eigen invloed en verantwoordelijkheid?
- Stel dat waar ik bang voor ben inderdaad gebeurt, wat zou dat voor mij betekenen? Wat zou daar verschrikkelijk aan zijn? Is het op te lossen?
- Hoe zal de situatie zijn over een aantal maanden of jaren?
- Overschat ik de kans op een nare gebeurtenis?
- Onderschat ik mijn mogelijkheden om het probleem te verdragen, te hanteren of op te lossen?
- Doe ik alsof één gebeurtenis steeds zal gebeuren?
- Helpen deze gedachten mij om een doel te bereiken of om alleen maar iets te voorkomen?
- Heb ik de mogelijkheid benut om zelf te sturen in het beloop van gebeurtenissen?

Opdracht 7.2

Kies een situatie uit die nog niet zo lang geleden is gebeurd en waarvan je vindt dat je er overmatig in hebt gereageerd en werk deze uit in het gedachteschema.

1 Gebeurtenis (wanneer, waar, met wie, wat is er gebeurd)

2 Gewaarwording: (wat voel ik in mijn lichaam)

3 Gevoel (bang, boos, bedroefd, blij)
   Sterkte van het gevoel (0-100)

4 Gedrag (wat doe ik?)

Wat kost het?

Wat levert het op?

5 Gedachten (wat denk ik?)

Geloofwaardigheid (0-100)

6 Onderzoek: stel kritische vragen over de gedachten. Wat is het antwoord op deze vragen?

7 Nieuwe gedachten: zet een nieuwe gedachte tegenover de gedachte die je op dat moment had

Geloofwaardigheid (0-100)

8 Gevoel bij nieuwe gedachten

Sterkte (0-100)

9 Nieuw gedrag:

Wat kost het?

Wat levert het op?

7.5 Gedachten die kunnen leiden tot boosheid en agressie

Sommige gedachten komen vaak voor bij agressie. Hier volgt een beschrijving van deze gedachten. Ze bederven je stemming en kunnen leiden tot agressie. Onder het kopje 'tegengif' wordt steeds aangegeven hoe je deze gedachten ter discussie kunt stellen.

Slachtoffergedachten
Slachtoffergedachten zijn gedachten waardoor je jezelf slachtoffer gaat voelen van iemand of een bepaalde situatie.
Voorbeelden:
- Ze moeten mij weer hebben.
- Het is nooit goed.
- Waarom kunnen ze nooit eens rekening met me houden.
- Niemand ziet hoe goed ik ben.
- Ze zien alleen maar de fouten.
- Niemand ziet hoe ik mijn best doe.
- Ze hebben de pik op mij.
- Ze vinden mij niet goed genoeg.
- Waarom blijft ze altijd maar doorzeuren!

Tegengif
- Realiseer je dat als anderen iets doen wat jij niet prettig vindt, dat meestal niet is om je te kwellen of te vernederen. Andere mensen hebben nu eenmaal andere belangen. Mensen doen vaak dingen met de beste bedoelingen en realiseren zich niet dat een ander iets anders wil. Ook weten ze vaak niet wat jij ergens bij voelt of vindt. Mensen kunnen nu eenmaal geen gedachten lezen.
- Als je woorden zoals *altijd, nooit, iedereen* of *niemand* gebruikt, vraag je dan af of het werkelijk zo absoluut is. Als je er goed over nadenkt, kom je er meestal achter dat het eerder gaat om soms of om sommige mensen.
- Je kunt geen gedachten lezen. Als je dus denkt te weten waarom iemand iets doet of zegt, moet je altijd bij die persoon nagaan of het klopt wat je denkt.

Zwartmakers
Zwartmakers zijn gedachten waarmee je de ander voorstelt als helemaal slecht.
Voorbeelden:
- Ze weten het altijd beter.
- Ze gunt me nooit iets.
- Hij is erop uit om me kapot te maken.

Tegengif
Realiseer je dat er niet één mens is die helemaal goed of helemaal slecht is. Als je iemand ziet als helemaal slecht, zie je dus altijd een paar goede eigenschappen over het hoofd.

Bommetjes
Bommetjes zijn gedachten die je onredelijk kwaad maken. Vaak hebben die gedachten te maken met eisen die je aan andere mensen stelt of irreële verwachtingen die je van iemand of de wereld hebt.
Voorbeelden:
- Mensen horen zich aan bepaalde regels te houden.
- Mensen moeten mij rechtvaardig behandelen.
- Mensen mogen geen dingen over mij denken of zeggen die niet waar zijn.

- Niemand heeft het recht mij te beledigen.
- Het moet zo lopen als ik dat wil.
- Zij moet nu doen wat ik wil.
- Mensen moeten mij met respect behandelen.
- Ik wil mijn zin hebben.

Tegengif
- Realiseer je dat het weinig zin heeft om eisen aan anderen te stellen. Mensen hebben vaak voor zichzelf andere regels dan jij voor jezelf hebt en hebben er dus geen idee van dat ze je dwarszitten. En al weten ze dat jij er last van hebt, dan hoeven ze zich nog niet aan te passen. Kortom, je maakt je druk om iets waar je toch geen invloed op hebt. Het heeft dus geen enkele zin om je druk te maken. Het is net zo iets als met gebalde vuisten voor het raam gaan staan en schreeuwen dat het nu op moet houden met regenen.
- Realiseer je dat de wereld nu eenmaal niet rechtvaardig is. Waarom krijgt de één op jonge leeftijd een ernstige ziekte en de ander niet? Pech! De wereld is nu eenmaal niet rechtvaardig. Ook goede mensen overkomen slechte dingen. Daar is niets aan te doen. Je kunt streven naar een betere wereld door zelf goede dingen te doen maar het heeft geen zin om een betere wereld te eisen.
- Verwacht geen goede prestaties van mensen op een gebied waar zij niet goed in zijn. Verwacht geen goed advies van een slechte adviseur, verwacht geen opgeruimd bureau van een chaoot, verwacht geen bos bloemen van een niet romantische echtgenoot, verwacht geen hoge kwaliteit van een aanbieding, enzovoort.

De vermoorde onschuld
Dit zijn gedachten waarmee je geen verantwoording neemt voor je eigen gedrag.
- Ze heeft het er zelf naar gemaakt.
- Ze moeten me niet uitdagen.
- Ik weet niet hoe ik het moet stoppen.
- Ik kan er niet tegen als iemand mij vernedert.
- Ik moet mezelf verdedigen.
- De ander moet ervoor zorgen dat ik me goed voel.

Tegengif
Realiseer je dat jij het altijd bent die ervoor kiest om iets wel of niet te doen. Je bent dus altijd verantwoordelijk voor je eigen gedrag, wat de ander ook gedaan heeft. Anders maak je je afhankelijk van die ander. Je bent tenslotte geen marionet. De ander kan dan dus heel gemakkelijk jouw gevoel beïnvloeden.

7.6 Je niet door je gedachten laten meeslepen

Een andere manier die je kan helpen om je niet mee te laten slepen door agressieve gedachten komt uit de meditatie en wordt ook wel *mindfulness* genoemd. Dit is een techniek waarmee je niet je gedachten verandert of wegdrukt maar waarmee je ze accepteert zoals ze zijn en ze ziet als alleen maar gedachten die komen en gaan en waarmee je niets hoeft te doen.

Je kunt je gedachten bijvoorbeeld voorstellen als bladeren in een rivier. Een gedachte komt aangedreven zodat je hem goed kunt zien, daarna drijft hij op de stroom voorbij en raakt uit zicht. Vervolgens komen er weer andere gedachten, die ook weer voorbijgaan. Je hoeft er niet iets actief mee te doen. Gedachten komen op en gaan weer weg. Het zijn niet meer dan gedachten. Je zult merken dat jouw brein geneigd is om steeds een bepaald soort gedachten te vormen. Merk dat op, zonder het te willen veranderen en laat de gedachten komen en gaan zonder dat je er iets mee doet. Het werkt vaak goed om deze techniek te combineren met ontspanningsoefeningen.

Opdracht 7.3

Kies een ontspanningsoefening uit hoofdstuk 6.2 en observeer je gedachten zonder er iets mee te doen, beschouw ze als alleen maar gedachten.

8 Probleemoplossen

Problemen die je tegenkomt in het dagelijks leven kunnen leiden tot spanning en frustraties. Daarom besteden we in dit hoofdstuk aandacht aan hoe je met problemen kunt omgaan.

8.1 Coping

Met de term *coping* wordt bedoeld: de manier waarop je met spanning of problemen omgaat.

Je wordt blootgesteld aan allerlei situaties waarop je moet reageren. Hoe je erop reageert hangt af van de situatie, de manier waarop je over jezelf denkt, welke eisen je aan jezelf stelt en welke eisen je aan een ander stelt. Het heeft ook te maken met hoe je geleerd hebt met emoties om te gaan.

Er zijn verschillende stijlen/manieren van met problemen omgaan, namelijk:
- *Actief aanpakken:* een manier van aanpakken waarbij je een probleem van alle kanten bekijkt, de zaken op een rij zet en dan doelgericht en met vertrouwen aan de slag gaat om het probleem op te lossen.
- *Vermijden en afwachten:* een manier die niet gericht is op het oplossen van problemen, maar op het vermijden ervan. Je gaat een probleem zo veel mogelijk uit de weg.
- *Sociale steun zoeken:* een meer gevoelsmatige manier om met een probleem om te gaan. Je zoekt bij anderen begrip, hulp en troost. Je deelt een probleem met een ander en lost het eventueel gezamenlijk op.
- *Passief reageren:* gaan piekeren en jezelf terugtrekken. Je laat je volledig in beslag nemen door het probleem en je wacht af wat er gaat gebeuren. Het probleem blijft bestaan.
- *Expressie van emoties:* je gevoelens uiten. Dit kan opluchten, maar een probleem kan er ook groter door worden, bijvoorbeeld bij een agressieve uitbarsting.
- *Afleiding zoeken:* leuke of prettige dingen doen om niet aan een probleem te hoeven denken of spanning niet te hoeven voelen. Bijvoorbeeld naar de film gaan, maar ook (te veel) roken, drinken enzovoort.
- *Geruststellend jezelf toespreken:* tegen jezelf zeggen dat het allemaal wel goed komt, dat het zo'n vaart niet zal lopen en dergelijke.

Afhankelijk van de situatie is de ene of de andere manier handiger in de praktijk. Als je invloed op een situatie hebt kan het handig zijn om die actief aan te pakken, als je geen invloed hebt kun je soms beter afleiding zoeken. Het is dus handig als je gebruikt kunt maken van verschillende soorten coping.

> Jan wil zijn auto op een parkeerplaats zetten Het is erg druk in de stad en hij is onderweg al aardig opgefokt geraakt door het langzame verkeer. Bijna was hij op een andere auto gevlogen toen die plotseling op de rem stond. Als er een parkeerplaats vrijkomt en Jan daar zijn auto in wil steken, komt er van de andere kant een oud autootje dat op die plek gaat staan. Jan is laaiend. Hij wil de auto uit om verhaal te gaan halen. Zijn vrouw houdt hem tegen en zegt: 'niet doen Jan, straks krijg je weer bonje, denk aan de kinderen'. De kinderen, 6 en 2, zitten verstijfd achterin. Jan roept 'bemoei je er niet mee' en pakt de bestuurder van de andere auto bij zijn jasje. 'Wat denk je wel dat je aan het doen bent!' De andere man duikt in elkaar en zegt dat hij het niet gezien had. Jan wordt iets rustiger, roept 'als je het nog eens waagt, weet ik je te vinden' en loopt terug naar zijn eigen auto. Terug in de auto is het helemaal stil. Zijn vrouw kijkt hem verwijtend aan en zijn dochter zit te snikken van de schrik. De zoon van Jan kijkt zijn vader trots aan en zegt 'goed gedaan pap'.
> Thuis wil zijn vrouw er met Jan over praten. Hij heeft daar geen zin in en gaat naar het café. Daar vergeet hij de situatie van die middag onder het genot van een biertje en het gezelschap van zijn vrienden. Als hij die avond laat thuiskomt merkt hij dat zijn vrouw afstandelijk tegen hem doet. Hij trekt zich vervolgens terug en piekert over hoe het verder moet.

Welke stijlen/manier(en) van reageren heeft Jan hier gebruikt? Welke andere manieren had hij kunnen toepassen en wat zou daar het effect van zijn geweest?

Opdracht 8.1

Mijn eigen copingstijlen

Ga na of je een dergelijke situatie wel eens tegenkomt en schrijf op hoe je zelf reageert.

Wat zijn voordelen van jouw manier van reageren?

Wat zijn nadelen van jouw manier van reageren?

Zijn er andere manieren om hiermee om te gaan (andere copingstijlen)?

Wat zijn voordelen van deze manieren?

Wat zijn nadelen van deze manieren?

Welke copingstijl of manier van reageren pas jij meestal toe in een moeilijke situatie of probleem? Ga na of er manieren zijn die meer voordelen en/of minder nadelen hebben.

8.2 Probleemoplossingstechnieken

Mensen ervaren problemen in hun leven, bijvoorbeeld met instanties, in relaties en op hun werk. Je kunt daarbij het overzicht verliezen, niet weten wat eerst aan te pakken of waar te moeten beginnen.
Om een probleem op te lossen kun je een aantal stappen nemen.

Wat is het probleem?
Omschrijf het probleem dat je wilt oplossen. Geef een duidelijke, concrete beschrijving van de situatie en de gevoelens die het oproept.

Op welke zaken heb ik invloed, op welke zaken niet?
Maak onderscheid tussen de onderdelen van het probleem waarop je invloed hebt en onderdelen ervan waarop je geen invloed hebt. Er kan veel energie verloren gaan door je te richten op iets waarop geen invloed mogelijk is. We kunnen als individu de bureaucratie binnen instellingen en de overheid, het onrecht in de samenleving of de gedachten en gevoelens van medemensen niet naar onze wens beïnvloeden.

Wat wil ik bereiken?
Wat is het doel? Heeft het doel betrekking op jou zelf en is het haalbaar? Wil je iets veranderen aan de situatie of aan jouw eigen reactie op de situatie?

Welke manieren zijn er om dit doel te bereiken?
Maak een lijst van mogelijkheden om je doel te bereiken. Zet alle verschillende mogelijkheden op papier, ook als je denkt dat ze niet haalbaar of realistisch zijn. Het is belangrijk om dit zelf in te zien en een goede keus weten te maken.

Wat zijn de voor- en nadelen van de verschillende manieren?
Van elke manier om het probleem op te lossen schrijf je voor- en nadelen op. Zo wordt duidelijk welke manieren doeltreffend zijn en welke het probleem juist groter maken.

Welke manier kies ik?
Kies op basis van de voor- en nadelen een manier uit die je gaat gebruiken.

Heeft het gewerkt?
Je kiest een periode, bijvoorbeeld een maand, en je bekijkt of de toegepaste strategie heeft gewerkt. Bekijk dit samen met anderen als die erbij betrokken zijn geweest, bijvoorbeeld een partner.

Een voorbeeld.
Martin werkt vaak over omdat zijn baas dat geregeld aan hem vraagt. Maar eigenlijk vindt hij dit heel vervelend en thuis geeft het spanningen omdat zijn vrouw liever heeft dat hij op tijd thuis is. Martin besluit dit probleem uit te gaan werken.

Stap 1 *Wat is het probleem?*
Ik loop er steeds tegenaan dat mijn baas me op het laatste moment vraagt om over te werken. Ik kan niet weigeren, want ik verdien er wat extra's mee en dat kan ik goed gebruiken. Als ik thuis kom zeurt mijn vrouw dat ik zo laat ben en dat ik niet van tevoren gebeld heb. Zij zit met het eten en met jengelende kinderen. Ik ben moe, ik ben het gezeur van mijn baas en van mijn vrouw beu.

Stap 2 *Op welke zaken heb ik invloed, op welke niet?*
Ik kan tegen mijn baas zeggen dat ik niet meer wil overwerken.
Ik kan mijn vrouw bellen als ik later uit mijn werk kom.
Ik kan minder opgefokt doen als ik thuis kom.
Ik heb geen invloed op het feit dat mijn baas het blijft vragen.
Ik heb er geen invloed op dat mijn vrouw het niet prettig vindt als ik overwerk

Stap 3 *Wat wil ik bereiken?*
Geen gezeur aan mijn hoofd, minder spanning, rust, beter opkomen voor mezelf, meer tijd voor mijn vrouw, mijn kinderen, mijn hobby's enzovoort.

Stap 4 *Welke manieren zijn er om dit doel te bereiken?*
1 Vaker nee zeggen tegen mijn baas.
2 Ik kan met mijn vrouw overleggen of we een afspraak kunnen maken dat zij minder zeurt en ik in het weekend wat meer met de kinderen optrek.

Stap 5 *Wat zijn de voor- en nadelen van de verschillende manieren?*
Oplossing 1:
Voordelen: Minder overwerk en minder ruzie met mijn vrouw.
Nadelen: Onvrede bij de baas, minder geld.
Oplossing 2:
Voordelen: Ik krijg geen problemen op mijn werk en heb thuis minder gezeur.
Nadelen: Ik weet niet zeker of we het eens zullen worden. Ik zal in het weekend meer tijd aan mijn gezin moeten geven en minder aan mijn hobby's.

Stap 6   *Welke manier kies ik?*
Ik kies ervoor om eerst tijd te maken om met mijn vrouw over deze dingen te praten.

Stap 7   *Heeft het gewerkt?*
Als het goed is zal het thuis soepeler lopen, zullen er minder woorden en strijd zijn en zal de sfeer beter zijn. Ik spreek met mijn vrouw af om dit over vier weken nog eens met haar samen te bekijken.

Opdracht 8.2

Een probleem oplossen
Ga op bovenstaande manier aan de slag met een eigen probleem.
1 Wat is het probleem?

2 Op welke zaken heb ik invloed, op welke niet?

3 Wat wil ik bereiken?

4 Welke manieren zijn er om dit doel te bereiken?

5 Wat zijn de voor- en nadelen van de verschillende manieren?

6 Welke manier kies ik?

7 Heeft het gewerkt?

9 Communicatie

In dit hoofdstuk bespreken we hoe mensen elkaar dingen duidelijk proberen te maken. Dit heet communicatie. In communicatie worden wensen en bedoelingen niet altijd rechtstreeks uitgesproken. Er worden signalen uitgezonden en de ander wordt geacht die op te vangen. Misverstanden, irritaties en wederzijds onbegrip kunnen het gevolg zijn. Veel misverstanden kunnen worden voorkomen door duidelijk te communiceren. Een belangrijke voorwaarde voor goede communicatie is dat je goed naar een ander kunt luisteren. In dit hoofdstuk geven we tips hoe dit aan te pakken.

9.1 Communicatie

Communicatie is het uitwisselen van informatie.
Een communicatieproces bestaat uit iemand die *praat*, iemand die *luistert* en datgene waarover ze praten, de *boodschap*. Praten en luisteren zijn twee verschillende dingen. Als je praat wil je de ander deelgenoot maken van jouw mening of opvatting. Als je luistert probeer je te begrijpen wat de ander bedoelt.

Er zijn verschillende communicatievormen:
- *verbale communicatie:* datgene wat je letterlijk zegt;
- *non-verbale communicatie:* je lichaamshouding, gezichtsuitdrukking enzovoort, terwijl je iets zegt.

In communicatie is niet alleen wat je zegt van belang, maar ook hoe je het zegt. Wat je zegt en hoe je het zegt moeten bij elkaar passen. Non-verbale communicatie wordt bepaald door:
- *Oogcontact.* Door iemand aan te kijken laat je merken dat je contact wilt en dat je luistert.
- *Houding.* Door jezelf bijvoorbeeld groot te maken stel je je agressief op. Je kunt mensen daarmee afstoten, of bang maken. Ga in contact rechtop zitten en straal belangstelling uit voor de ander. Ontspan en neem een uitnodigende houding aan.
- *Gezichtsuitdrukking.* De uitdrukking op je gezicht maakt duidelijk hoe je je voelt. Een glimlach als je de ander aardig vindt en een frons als je een standje wilt geven.
- *Stem.* Met je stemvolume en de toon waarop je praat, kun je duidelijk maken hoe je iets bedoelt.

9.2 Communicatieregels

Hierna volgt een aantal *richtlijnen die de kans op goede communicatie vergroten:*
- Kijk de ander aan en maak oogcontact. Neem een ontspannen houding aan, ga niet onderuit zitten, maar straal belangstelling uit voor de ander.

- Zeg wat je wenst, verwacht, kwijt wilt, op een duidelijke manier, met respect voor de ander.
- Zeg welk gevoel je erbij hebt, bijvoorbeeld blij, boos, onzeker trots enzovoort. Gebruik hierbij je stem op een passende manier, ga niet nodeloos hard praten.
- Zeg met welke bedoeling je zegt wat je zegt.
- Vraag wat je wilt door vanuit *jezelf* te praten, bijvoorbeeld 'ik zou graag willen weten of…..'
- Zeg wat je van de ander zou willen (niet eisen).
- Laat merken dat je de ander belangrijk vindt door te luisteren en duidelijk te maken wat je van de ander begrepen hebt, bijvoorbeeld 'dus als ik het goed begrijp…..'

Wat je beter *niet* kunt doen in een gesprek:
- Steeds je eigen mening blijven herhalen.
- Afdwalen van het onderwerp.
- Zaken erbij halen die er niet toe doen.
- Gedachten lezen/invullen voor de ander.
- Veronderstellen dat je wel weet wat de ander denkt of voelt.
- Verwijten maken.
- Ja-maren, wat wil zeggen dat je het er niet mee eens bent.
- Een klacht beantwoorden met een klacht.
- Woorden gebruiken als *altijd* en *nooit*, bijvoorbeeld 'jij bent ook nooit op tijd'.
- Kritiek geven op de persoonlijkheid van de ander, bijvoorbeeld 'jij denkt alleen aan jezelf'.
- De ander een schuldgevoel geven.
- Waarom-vragen stellen zodat de ander in de verdediging gedrukt wordt.

9.3 Actief luisteren

Actief luisteren is een van de belangrijkste gespreksvaardigheden.
In een gesprek is het belangrijk om te luisteren en om de ander te laten weten dat je luistert. Je laat daarmee zien dat je de ander wilt begrijpen. Goed luisteren is een vorm van aandacht geven aan de ander. Het brengt in een gesprek een positieve wisselwerking op gang.

Je luistert actief door:
- Een open houding. Je neemt een lichaamshouding aan waaruit blijkt dat je geïnteresseerd bent in de ander. Dit kun je doen door je naar de ander toe te richten met je armen ontspannen naast je lichaam.
- De ander aan kijken.
- Knikken en hummen.
- Samenvatten wat de ander zegt door het in je eigen woorden te herhalen.

Opdracht 9.1

Luisteren
Maak de komende week een praatje met een bekende. Laat tijdens dit gesprek merken dat je naar de ander luistert. Dit doe je door eenmaal kort samen te vatten wat de ander zegt. Kijk hoe de ander reageert op jouw samenvatting. Vertel er niet bij dat het een oefening is!

- Met wie praatte je?

- Wanneer en waar vond het gesprek plaats?

- Over welk onderwerp spraken jullie?

- Wat zei de ander?

- Hoe vatte je samen wat de ander zei?

- Hoe reageerde de ander?

- Wat was er goed aan het gesprek?

- Wat zijn verbeterpunten?

10 Assertiviteit

Voor veel mensen is het moeilijk om voor zichzelf op te komen of grenzen te stellen. Als je moeilijk 'nee' kunt zeggen ga je dingen tegen je zin doen, waarbij irritaties of frustraties zich kunnen gaan opstapelen. Agressieve uitbarstingen kunnen dan het gevolg zijn.
In dit hoofdstuk leer je wat assertiviteit is en hoe je het beste duidelijk kunt maken wat je wilt en hoe je om kunt gaan met kritiek.

10.1 Assertiviteit

Assertiviteit is het kunnen opkomen voor jezelf zonder dat het schade toebrengt aan de relatie met een ander.
Wanneer je een gesprek voert met iemand, is het belangrijk dat je daar een 'goed gevoel' aan overhoudt en dat de relatie niet verstoord is. Dat je met je eigen mening hebt kunnen komen en dat je duidelijk hebt gemaakt hoe je over iets denkt. Dat je naderhand denkt 'dat heb ik goed gedaan/gezegd'.

Om het begrip assertiviteit duidelijk te maken, vergelijken we het met *subassertiviteit* en *agressiviteit*:
– *Agressief* gedrag is je mening doorduwen zonder rekening te houden met de ander of over de grenzen van een ander heen gaan. Het contact met de ander loopt daardoor schade op.
– *Subassertief* gedrag is niet goed opkomen voor jezelf. Je bent onduidelijk over wat je wilt en je geeft anderen de gelegenheid om misbruik van je te maken of over je heen te lopen. Anderen begrijpen niet zo goed wat je wilt en daarom is het contact met de ander niet goed.
– *Assertief* gedrag is dat je opkomt voor jezelf en jouw mening, maar met respect voor de mening of gedachten van de ander. Je houdt je eigen recht én dat van de ander voldoende in de gaten. Je bedoelingen zijn duidelijk. Het contact met de ander is goed.

Elk van de gedragingen heeft voor- en nadelen:

subassertief:
voordelen: nadelen:
– geen conflicten   – je bereikt je doel niet
                               – geen zelfrespect

assertief:

voordelen:
- je bereikt vaker je doel
- je behoudt je zelfrespect

nadelen:
- anderen kunnen het onprettig vinden
- conflicten en meningsverschillen komen boven tafel

agressief:

voordelen:
- je bereikt je doel

nadelen:
- conflicten
- verlies van sympathie bij anderen
- verlies van contacten

Subassertief en agressief gedrag zorgen op korte termijn voor 'rust', maar kunnen op langere termijn nadelig zijn.

Opdracht 10.1

Hoe assertief ben ik?
Kijk aan de hand van een gesprek dat je kortgeleden met iemand had en dat niet prettig is verlopen, waar je op de onderstaande lijn zat. Geef aan waar je eigenlijk had willen zitten en schrijf op hoe je dat een volgende keer kan bereiken.

0	5	10
subassertief	assertief	agressief

Verbeterpunten voor de volgende keer:

In de volgende paragrafen wordt ingegaan op specifieke situaties waarin het belangrijk is assertief te kunnen communiceren.

10.2 Een verzoek doen

Bij een verzoek doen gaat het om wensen die je hebt ten aanzien van een ander. Het kan moeilijk zijn een verzoek of een wens aan anderen op een goede manier kenbaar te maken, zeker als je last hebt van belemmerende gedachten.
Gedachten die je kunnen verhinderen om je wensen te uiten zijn bijvoorbeeld 'zoiets hoor je toch niet te vragen', 'wat zal de ander wel niet van me denken als ik dat wil', 'straks wijst zij mijn verzoek af en sta ik in mijn hemd' enzovoort.

Er zijn vuistregels die je kunt gebruiken wanneer je een verzoek doet aan een ander. Op die manier wordt de kans groter dat een verzoek ingewilligd zal worden maar het is natuurlijk niet vanzelfsprekend dat een verzoek wordt ingewilligd!

Hoe wordt een verzoek opgebouwd?
- Neem de tijd om te bedenken wat je van de ander wilt. Ontspan je daarbij.
- Spreek namens jezelf in de bewerende vorm:
   - ik wil graag _____
   - ik vind het prettig als _____
   - ik geef er de voorkeur aan om _____
   enzovoort.
- Richt je wens op het gedrag van de ander; geef aan wat je wilt dat de ander doet.
- Geef niet meer dan 1 of 2 beweegredenen voor je verzoek.
- Nodig de ander uit op je verzoek in te gaan.

Bijvoorbeeld:

> Klaas, ik wil graag de boor van je lenen, want de mijne is stuk. Kan dat?
>
> Of
>
> Marjan, ik zou het fijn vinden als je me uit laat praten als ik je iets vertel. Kan dat?

Vaak spreken mensen hun verzoeken en wensen niet uit omdat ze niet weten hoe ze moeten reageren op een eventuele weigering. Je kunt het volgende doen wanneer iemand weigert op je verzoek in te gaan:
- stoom afblazen, je gevoel uitspreken;
- de ander erkennen in zijn recht op weigering;
- zelf een tegenvoorstel doen.

Een voorbeeld.

> Piet: Nelly, ik zou het fijn vinden als je met me meegaat naar het ziekenhuis. Ik zie enorm op tegen het onderzoek. Ja?
> Nelly: Tja, dat overvalt me nogal. Nee, ik ga niet met je mee, ik heb een andere afspraak.
> Piet: Wat? Dan moet ik dus helemaal alleen naar het ziekenhuis! Dat vind ik erg vervelend. (ontlading) Maar ja, goed, ik heb er niet bij stilgestaan dat je misschien niet mee zou kunnen. Ik zou het wel prettig vinden als je me wilt komen halen, ik ben tegen 4 uur klaar. Zou dat wel kunnen?

Er zijn echter ook gevallen waarin je een weigering niet wilt accepteren. De techniek van de 'kapotte grammofoonplaat' kan hier uitkomst bieden. Het komt erop neer dat je je verzoek (in steeds ongeveer dezelfde bewoordingen) blijft herhalen.

Een voorbeeld.

> Joop: Zou je die muziek wat zachter kunnen zetten, ik heb er last van.
> Henk: Jij hebt toch ook wel eens harde muziek aan.
> Joop: Toch wil ik dat je die muziek nu zachter zet.

> Henk: Je moet niet zo zeuren.
> Joop: Ik begrijp dat jij het gezeur vindt, maar ik heb er last van en wil echt dat je die muziek zachter zet.
> Henk: Jij maakt vaker herrie dan ik.
> Joop: Toch wil ik dat je die muziek nu zachter zet.
> Henk: Ik vind je wel een heel lastig mannetje.
> Joop: Dat kan, maar toch wil ik dat je die muziek zachter zet.

Het kenmerk van de kapotte grammofoonplaattechniek is dat je steeds aangeeft dat je de ander begrijpt maar dat je daarna steeds herhaalt wat je wilt. Je laat je daarbij niet provoceren doordat je gesprekspartner boos wordt of op je schuldgevoelens inspeelt. Je gaat niet in op argumenten van de ander, maar herhaalt steeds je verzoek.

Opdracht 10.2

Een verzoek doen
Beschrijf een situatie waarin je een verzoek hebt gedaan. Beschrijf hoe je het hebt aangepakt en of er eventuele verbeterpunten zijn voor de volgende keer.

Situatie (wanneer, wie, waar)

Wat was het verzoek?

Heb je namens jezelf gesproken (in de ik-vorm)?   ja/nee

Heb je in de bewerende (niet-vragende) vorm gesproken?   ja/nee

Ging het over gedrag (doen, zeggen, maken enz.)? Over welk gedrag?

Welke beweegredenen heb je genoemd?

Heb je de kapotte grammofoonplaat gebruikt?   ja/nee
Waarom wel/niet?

Wat ging er goed?

Wat zijn verbeterpunten?

10.3 Een verzoek weigeren

Veel mensen vinden een verzoek weigeren moeilijk.
Wat kan je belemmeren om een duidelijke weigering te laten horen?
- Je weet nog niet of je nu ja of nee wilt zeggen en zegt dan maar 'ja' om er van af te zijn.
- Je bent bang dat de ander jouw weigering als een afwijzing van zijn totale persoon zal opvatten.
- Je bent bang voor de reactie van de ander. Dan kun je bang zijn voor de boosheid van de ander of je weet niet goed om te gaan met de teleurstelling van de ander.
- Je bent bang voor wat de ander van je zal denken.
- Je weet niet goed hoe je je weigering moet inkleden.
- Je wilt geen gezeur aan je hoofd.

Hieronder staat een voorbeeld van hoe je een verzoek kunt weigeren.

> Piet: Ik wil graag je aanhangwagen lenen Jan, want ik moet morgen verhuizen. Dat vind je zeker wel goed?
> Jan: (denkt even na) Nee, Piet, ik leen mijn aanhangwagen niet aan je uit. Ik vind het vervelend als anderen met mijn aanhangwagen rijden. Maar ik wil morgen wel een paar uurtjes uittrekken om voor je te rijden, oké?
> Piet: Goh, dat vind ik wel jammer, ik had er al op gerekend. Maar ja, je hebt natuurlijk het recht om 'nee' te zeggen. Fijn dat je in elk geval een paar uurtjes wilt komen, zullen we een tijd afspreken?

Hoe kun je het beste een verzoek weigeren?
- Neem de tijd. Ontspan je. Bedenk wat je wilt.
- Zeg duidelijk dat je het niet wilt, spreek namens jezelf.
- Praat er niet omheen en gebruik geen afzwakkende woorden zoals 'eigenlijk' en 'liever'.
- Geef hoogstens één beweegreden.
- Gebruik eventueel de 'kapotte grammofoonplaat' en sluit aan bij de gevoelens van de ander door te zeggen dat je begrijpt dat hij boos of teleurgesteld is maar dat je toch bij je standpunt blijft.
- Doe eventueel een tegenvoorstel.

Opdracht 10.3

Een verzoek weigeren
Beschrijf een situatie waarin je een verzoek hebt geweigerd. Beschrijf hoe je het hebt aangepakt en of er eventuele verbeterpunten zijn voor de volgende keer.

Situatie (wanneer, wie, waar)

Wat was het verzoek?

Wat heb je gezegd?

Heb je namens jezelf gesproken (in de ik-vorm)? ja/nee
Heb je in de bewerende (niet-vragende) vorm gesproken? ja/nee

Welke beweegredenen heb je genoemd?

Heb je de kapotte grammofoonplaat gebruikt? ja/nee
Waarom wel/niet?

Wat ging er goed?

Wat zijn verbeterpunten?

Als je nog niet weet of je op een verzoek in wilt gaan of niet, kun je het beste aangeven dat je er eerst over na wilt denken. Laat je vervolgens niet door de ander onder druk zetten om toch snel met een antwoord te komen. Gebruik daarbij eventueel de kapotte grammofoonplaat.

10.4
Onderhandelen

Soms kun je het met iemand niet eens worden over een bepaald onderwerp. Je houdt allebei voet bij stuk en het is onmogelijk allebei je zin te krijgen. Dan zit er niets anders op dan onderhandelen en een compromis bereiken. Belangrijk is dat er een compromis wordt gesloten waar ieder zich in kan vinden.

Wat doe je als je onderhandelt?
- Kijk de ander aan.
- Formuleer je weigering of verzoek vriendelijk en duidelijk.
- Spreek in de ik-vorm.
- Doe, als je er na een tijdje de 'kapotte grammofoonplaat' afdraaien niet uitkomt, een tegenvoorstel in de vorm van een compromis.

Opdracht 10.4

Onderhandelen
Beschrijf een situatie waarin je over een onderwerp hebt onderhandeld. Beschrijf hoe je het hebt aangepakt en of er eventuele verbeterpunten zijn voor de volgende keer.

Situatie (wanneer, wie, waar)

Wat was het verzoek? Deed je een verzoek of weigerde je een verzoek?

Wat heb je gezegd?

Heb je namens jezelf gesproken (in de ik-vorm)?	ja/nee
Heb je in de bewerende (niet-vragende) vorm gesproken?	ja/nee
Heb je de kapotte grammofoonplaat gebruikt?	ja/nee
Waarom wel/niet?	

Heb je een tegenvoorstel gedaan en zo ja, welk?

Wat ging er goed?

Wat zijn verbeterpunten?

10.5
Kritiek uiten

Het kan moeilijk zijn je afkeuring over het gedrag van een ander uit te spreken. Wat kan je tegenhouden?
– Je weet niet goed wat je voelt omdat je te gespannen bent.
– Je wilt niet weten wat je voelt omdat je je schaamt voor die gevoelens.
– Je bent bang de ander te kwetsen, je wilt aardig gevonden worden.
– Je bent bang voor de reactie van de ander, bang om zelf gekwetst te worden.
– Je wordt zo overspoeld door negatieve gevoelens dat je 'dicht' slaat.
– Je weet wel wat je voelt, maar niet hoe je het moet zeggen.

Wanneer je je kritiek gaat opkroppen kan de emmer vol raken en kun je exploderen in een lawine van beschuldigingen, verwijten of vernederingen.

Wat is goede kritiek geven?
– Ontspan je. Bedenkt wat je voelt en wilt.
– Uit, namens jezelf, je negatieve gevoel of oordeel over het gedrag of de presentatie van de ander.
– Geef niet meer dan één beweegreden voor je gevoel.
– Doe een voorstel tot alternatief gedrag van de ander.
– Nodig de ander uit te reageren.

Een voorbeeld.

> Kees, ik wil met je praten. Ik vind het erg vervelend dat je me steeds niet uit laat praten. Ik wil dat je wacht met praten totdat ik uitgepraat ben.
>
> Of
>
> Anja, ik wil met je praten. Het gaat over mijn auto. Ik vind het erg vervelend dat er nu een krasje op zit, ik ben er zelf zo zuinig op. Ik wil graag dat jij de reparatie betaalt. Wat vind je ervan?
>
> Of
>
> Klaas, het zit me behoorlijk dwars dat je mijn ladder nog niet hebt teruggegeven. Ik zou het fijn vinden als je hem morgen terugbrengt. Oké?

Goede kritiek:
- is actueel; haal geen oude koeien uit de sloot;
- is beknopt; som geen ellenlange beweegredenen op;
- is beperkt; geen waslijst van kritiekpunten;
- bevat geen afzwakkend taalgebruik (zoals toch wel, een beetje, eigenlijk enz.);
- bevat geen veralgemeniseringen (altijd, nooit enz.);
- slaat op het gedrag van de ander, niet op een gevoel (dus niet 'het irriteert me dat je zo vrolijk bent', maar 'ik heb er last van dat je zo druk doet'), of de hele persoon ('je bent een nietsnut').

DUS NIET:
- 'hou nu eindelijk eens op met zeuren' (bevel);
- 'mijn moeder liet het eten nooit aanbranden' (indirect);
- 'waarom doe je nou zo dom?' (vraagvorm);
- 'wees toch eens vrolijk' (gevoel op bevel);
- 'jij bent nooit thuis' (veralgemenisering);
- 'jij vindt het zeker leuk om zo tegen mij te schreeuwen?' (vraag, beschuldiging);
- 'vind je zelf ook niet dat dit dom was?' (vraag om zelfbeschuldiging);
- 'tjonge jonge', nee schudden, 'tut tut tut', blazen, naar je voorhoofd wijzen enzovoort.

Opdracht 10.5

Kritiek geven
Beschrijf een situatie waarin je kritiek hebt gegeven. Beschrijf hoe je het hebt aangepakt en of er eventuele verbeterpunten zijn voor de volgende keer.

Situatie (wanneer, waar, wie)

Wat was de kritiek die je gaf (namens jezelf, in bewerende vorm)?

Hoe was je non-verbale gedrag?

Heb je een voorstel gedaan voor ander gedrag en zo ja, welk?

Heb je de ander gelegenheid gegeven om te reageren?   ja/nee

Wat was de uitkomst?

Wat ging er goed?

Wat zijn verbeterpunten?

10.6
Reageren op kritiek

Het is moeilijk om op een goede manier te reageren op kritiek. Kijk nog eens naar het voorbeeld uit de vorige paragraaf waarbij er een krasje op de auto van een ander kwam. Je bent snel geneigd als volgt te reageren:
- 'goh, wat ben jij een zeurpiet' (tegenaanval)
- 'maar ik kon er niets aan doen' (verdediging)
- 'ach, zo'n klein krasje' (bagatelliseren)
- 'waarom doe je daar zo moeilijk over' (tegen-kritiek)
- 'ik heb geen geld om het te betalen' (smoes).

Deze reacties leiden tot onprettige gevoelens voor beide partijen en doen de relatie geen goed.

Hoe reageer je goed op kritiek?
- Eventueel stoom afblazen.
- Eventueel bedoeling navragen; op welk gedrag slaat de kritiek precies?
- Geef je mening: eens/oneens met de kritiek.
- Ingaan op of afwijzen van het voorstel van de ander, of zelf een voorstel doen.

Een voorbeeld (bij de deuk in de auto):

> 'Goh, daar had ik niet op gerekend' (stoom afblazen). 'Maar goed, ik kan me voorstellen dat jij dat krasje vervelend vindt' (eens met de kritiek). 'Ik zal de reparatie betalen' (ingaan op voorstel).
>
> Of
>
> 'Ik wist niet dat je er zo 'n last van had als ik je in de rede viel. Ik ben me er ook niet van bewust dat ik dat zo vaak doe (stoom afblazen). Ik zal er op letten.

Als je van iemand veel kritiek krijgt, kun je er ook voor kiezen om te 'misten'. Deze techniek gebruik je als de ander heel boos is en er eigenlijk geen goed gesprek mogelijk is. Het doel van deze techniek is de emoties tot bedaren te brengen. Je doet dit door steeds rustig samen te vatten wat de kritiek van de ander is en te vragen of er nog meer kritiek is. De techniek heet 'misten' omdat de ander zo geen vat op je krijgt. Je blijft rustig en gaat er niet over in discussie of de ander gelijk heeft of niet.

Bijvoorbeeld:
'Jij komt ook nooit eens je afspraken na.'
'Je vindt dat ik nooit mijn afspraken nakom.'
'Ja, je bent onbetrouwbaar.
'Je vindt me onbetrouwbaar.'
'Ja, ik ken maar weinig mensen die zo onbetrouwbaar zijn als jij.'
'Zijn er nog meer dingen waar je boos om bent?'
'Ja, je denkt altijd aan je zelf.'
'Je vindt dat ik altijd aan mezelf denk. Is er nog meer waar je boos om bent?'
enzovoort.

Opdracht 10.6

Reageren op kritiek
Beschrijf een situatie waarin je hebt gereageerd op kritiek. Beschrijf hoe je het hebt aangepakt en of er eventuele verbeterpunten zijn voor de volgende keer.

Situatie (wanneer, waar, wie)

Wat was de kritiek (niet vragend, maar bewerend)?

Hoe was je non-verbale gedrag?

Welke techniek heb je gebruikt?

Hoe reageerde de ander?

Wat was de uitkomst?

Wat ging er goed?

Wat zijn verbeterpunten?

11 Communicatie met leidinggevenden

Voor communicatie met leidinggevenden en andere autoriteitsfiguren zoals politieagenten of medewerkers van instanties gelden andere regels dan voor communicatie met vrienden of collega's. Tussen jou en je baas is er een machtsverschil. Of je het leuk vindt of niet: hij of zij is de baas en niet jij. Dit betekent dat jij bij een meningsverschil al snel aan het kortste eind zult trekken.

Om dit te voorkomen is het belangrijk meningsverschillen vóór te zijn door je baas in de juiste richting te sturen. Je kunt gelukkig best invloed uitoefenen op je baas, als je maar goed voor ogen hebt wat je wilt en wat de gebruiksaanwijzing is van je baas. In *Nooit meer verbaasd over je baas* leggen de auteurs (Rolf Mulder en Jan Feenstra) uit dat je veel invloed op je baas kunt hebben, dat je echt niet volkomen machteloos bent. Sterker nog: als je het slim aanpakt kun jíj je baas leiden. In dit hoofdstuk behandelen we een aantal belangrijke punten uit hun boek en gaan na hoe je de invloed die je op je baas hebt kunt vergroten.

11.1 Wat wil je bereiken?

Eerst moet je je afvragen wat je wilt bereiken. Mensen willen doorgaans het volgende bereiken in de communicatie met hun baas:
- gelijk krijgen;
- waardering krijgen;
- hun doel bereiken.

Op deze punten gaan we wat verder in.

Gelijk krijgen
Als je met gelijk krijgen bedoelt dat je van je baas wilt horen dat je het beter weet dan hij of zij, maak je niet veel kans. Een baas wil altijd het gevoel hebben dat hij of zij overwicht heeft. Als je er te veel op aandringt dat hij of zij zal toegeven een domoor te zijn, zal dat alleen maar irritatie oproepen en krijg je je gelijk zeker niet.

Waardering krijgen
Het is fijn om waardering van je baas te krijgen. Sommige bazen laten gemakkelijk waardering blijken, bij andere zit dat er niet zo in. Die laten bijvoorbeeld alleen wat merken als er iets níet goed is. Het heeft dan weinig zin om van die baas waardering te verwachten. Je doet er beter aan om je waardering ergens anders te zoeken (bijv. bij collega's of thuis).

Je doel bereiken
Als je iets wilt bereiken, bijvoorbeeld het werk anders organiseren, andere werkzaamheden krijgen, betere arbeidsomstandigheden, heb je vaak de instemming van je

baas nodig. Het is zinvol om te kijken naar manieren waarop je dit voor elkaar kunt krijgen.

11.2
Voorwaarden om je doel te bereiken

Als goede ideeën verkeerd gebracht worden, verdwijnen ze toch in de prullenbak. Hier volgt een aantal voorwaarden waaraan een boodschap moet voldoen om bij je baas kans van slagen te hebben.

Weet wat je wilt
Als jíj al niet weet wat je wilt, dan weet je baas het dus helemaal niet. Ga dus niet naar je baas als je alleen maar wat te klagen hebt. Ga naar je baas als je weet wat je precies wilt. Bedenk voordat je het gesprek aangaat met welk resultaat je het gesprek wilt besluiten. Bedenk eventueel een minimum- en een maximumvariant. Bijvoorbeeld: je hebt een opdracht en komt in problemen met de tijdsplanning. Maximale inzet is het krijgen van hulp van een collega bij je opdracht. Minimale inzet is het krijgen van twee weken uitstel.

Weet wat je baas wil
Jouw oplossing moet passen in het beleid van je baas. Kortom, je baas moet er ook iets mee opschieten. Ga na wat voor belang je baas erbij heeft om je je zin te geven. Gebruik vooral deze argumenten in de communicatie met je baas.

Zoek naar overeenstemming
Ga samen op zoek naar een oplossing die jullie beider belangen dient. Dat betekent goed luisteren naar je baas, zodat je erachter kunt komen op welke manier dat te bereiken is. Kom dus met oplossingen en argumenten die ook het probleem van de baas oplossen.

Kies een geschikt moment
Ga na of je baas tijd heeft om met je te praten. Als hij van alles aan zijn hoofd heeft, zal hij het waarschijnlijk als een last ervaren als jij ook nog eens met iets aan komt zetten. Ga na of het verstandig is iets aan te kaarten als er anderen bij zijn (bijv. in een vergadering). Als je met de anderen je standpunt van tevoren besproken hebt, kan dat helpen. Soms kan de aanwezigheid van anderen ook belemmerend werken. In een vergadering kan je baas zich bijvoorbeeld minder vrij voelen om vrijblijvend met je mee te denken. Onthoud dat vergaderingen er meestal niet voor zijn om standpunten te bepalen maar om beslissingen officieel vast te leggen. Het overleg daarover is meestal informeel al eerder gevoerd.

Laat je baas in zijn/haar waarde
Als bazen het gevoel hebben dat ze niet in hun rol als baas zitten en bijvoorbeeld hun medewerkers niet goed in de hand hebben, gaan ze hun best doen om het evenwicht te herstellen en zullen ze minder open staan voor overleg. Zorg er dus voor dat je baas zich baas kan blijven voelen. Dat maakt het voor jou een stuk gemakkelijker om je doel te bereiken. Een aantal dingen kun je beter wel, andere kun je beter niet doen:

niet doen	wel doen
beschuldigen	respect tonen
drammen	goed luisteren
alle eer willen hebben	je baas een aandeel in de eer gunnen
laten merken dat je baas een sukkel is	

Analyseer je baas
Bazen verschillen in de dingen waar ze gevoelig voor zijn en waar ze naar streven. Het is belangrijk dat te weten, zodat je je boodschap zo kunt brengen dat die aansluit bij de denkwereld van je baas.

Houd er plezier in!
Soms ervaren mensen het als geslijm en onoprecht om hun baas op een andere manier te benaderen dan hoe ze dat (vanuit hun emoties) gewend zijn. Het is natuurlijk belangrijk dat je trouw blijft aan jezelf en geen dingen verkondigt waar je totaal niet achter staat. Je kunt er echter wel een sport van maken om je boodschap zo te brengen dat de kans dat je je doel bereikt groter wordt. Probeer er plezier in te krijgen om de gebruiksaanwijzing van je baas goed te kennen en toe te passen.

Opdracht 11.1

Iets veranderen met (be)hulp van je baas
Denk na over iets wat je anders zou willen in je werk. Bedenk vervolgens hoe je de medewerking van je baas kunt regisseren. Houd daarbij de volgende stappen aan (ga voor meer uitleg terug naar paragraaf 2 van dit hoofdstuk).
Wat wil je concreet bereiken?

– Minimaal:

– Maximaal:

Wat wil je baas met betrekking tot dat onderwerp?

Hoe zou je een situatie kunnen bereiken waarin je allebei voordeel hebt (een 'win-win'situatie)?

Wat is het juiste moment om het met je baas te bespreken en waarom?

Hoe kun je je baas in zijn/haar waarde laten? En wat zijn valkuilen?

Wat voor baas heb je en wat is zijn/haar gebruiksaanwijzing? Omschrijf, gebruik makend van je analyse in opdracht 1, hoe je hem/haar in deze situatie moet aanpakken.

En, krijg je er al plezier in om leiding te geven aan je baas? Zo niet, hoe kun je ervoor zorgen dat je het leuk houdt?

Opdracht 11.2

Waar ligt het probleem?
Kun je nu antwoord geven op de volgende vraag:
Als er een probleem is tussen jou en je baas, waar ligt dat dan meestal aan?

12 Emoties, verleden, relaties en gezin

De onderwerpen die we in dit hoofdstuk behandelen kunnen bronnen van rust en tevredenheid zijn, maar ook bronnen van spanning als er iets niet goed zit. Het verleden kan veel invloed hebben op je gedrag nu. Verschillen tussen mannen en vrouwen kunnen aanleiding geven tot onbegrip en problemen. De opvoeding van kinderen kan net als een slecht contact met je gevoelsleven een struikelblok zijn.

De bedoeling van dit hoofdstuk is te onderzoeken of deze onderwerpen een spanningsbron in je leven vormen. Als dat zo is, kan het verstandig zijn om hier hulp voor te zoeken.

12.1 Emoties

Verschillende gevoelens kunnen verschillende gedachten als oorsprong hebben en leiden tot verschillende gedragingen.
Emoties zijn niet altijd goed voelbaar; zo kun je je heel kwaad voelen zonder dat daar eigenlijk aanleiding voor is. Kwaadheid drukt soms andere gevoelens weg; zo kun je verdriet of angst wegdrukken door je spanning te vertalen in boosheid, dan hoef je het verdriet en de angst niet te voelen. We zeggen dan dat er angst of verdriet 'onder' de boosheid zit. Soms is het mensen afgeleerd om verdrietig of bang te zijn: een mens moet flink zijn en nergens voor terugdeinzen.
Maar angst en verdriet hebben een functie. Als angst niet zou bestaan zou je bijvoorbeeld je hand onder een zaagmachine kunnen houden, met alle gevolgen van dien. Verdriet heeft ook een functie, bijvoorbeeld om gevoelens van verlies te uiten. Boosheid kan als functie hebben dat je grenzen gaat stellen: 'tot hier en niet verder'. Boosheid kan verschillen in sterkte, variëren van ergernis, irritatie, kribbig zijn tot hevige woede. Ook andere gevoelens kunnen verschillen in sterkte.
Als je je gevoelens kunt uiten op een manier die past bij een bepaalde situatie, hoef je niet agressief uit te barsten. Je kunt leren onderscheid te maken welke emotie past bij welke situatie. Vervolgens kun je emoties uiten, zodat je spanning kwijt kunt in plaats van opkropt en ten slotte uitbarst.

> In hoofdstuk 7 heb je bij gedachtetraining gezien dat er verschillende groepen emoties zijn: *boos, bang, blij* en *bedroefd*. Voor deze hoofdemoties kun je ook andere woorden kiezen, woorden die beter aansluiten bij hoe jij in die situatie dat gevoel ervaart, bijvoorbeeld: gespannen, geïrriteerd, somber, vrolijk. Ook kunnen andere emoties zoals schaamte, schuldgevoel, jaloezie of trots een rol spelen.

Opdracht 12.1

Verschillende soorten gevoelens
Beschrijf een situatie:
– waarin je je ergerde

– waarin je geïrriteerd was

– waarin je boos was

– waarin je kwaad was

– waarin je woedend was

– waarin je blij was

– waarin je trots was

Beschrijf de laatste keer dat je verdrietig was of gehuild hebt. Hoe liet je dat zien aan anderen?

Beschrijf de laatste keer dat je bang was. Aan wie heb je dat verteld?

Opdracht 12.2

Positieve en negatieve gevoelens
Hieronder worden allerlei positieve gevoelens genoemd.
Onderstreep er vijf die je bij jezelf herkent en geregeld voelt. Streep er vervolgens vijf door die absoluut niet bij je passen: zo voel je je nooit.

zeker	serieus genomen
energiek	geliefd
prettig	gerespecteerd
intiem	opgelucht
gelukkig	rustig
aantrekkelijk	enthousiast
blij	machtig
relaxed	uitgelaten
zorgzaam	tevreden
meelevend	verrukt
bevredigd	vrolijk
verliefd	onoverwinnelijk
trots	sterk
opgeruimd	belangrijk
open	vertrouwd
opgewonden	verantwoordelijk
opgewekt	hoopvol
gewaardeerd	belangstellend
moedig	fris
verrast	voldaan
strijdlustig	gewenst

Nu doe je hetzelfde met de volgende negatieve gevoelens: vijf die je het meest herkent en vijf die je echt niet bij jezelf vindt passen.

onzeker	geremd
ontevreden	machteloos
depressief	gewelddadig
tekortgedaan	teleurgesteld
moe	droevig
bedreigd	jaloers
gekleineerd	misbruikt
verstoten	verraden
opstandig	bang
eenzaam	zwak
verwaarloosd	gehaat
onrustig	onbegrepen
ongelukkig	ongemakkelijk
verdrietig	dom
verlegen	schaamtevol
kwaad	lelijk
gekrenkt	oneerlijk
miskend	ongeduldig
gespannen	irritant
achterdochtig	

Opdracht 12.3

Gedachteschema
Werk een gedachteschema uit zoals je in hoofdstuk 7 hebt geleerd.
Kijk nu vooral naar het gevoel dat je in de situatie hebt. Onderzoek of je met bovenstaande oefeningen verschil aan kunt geven in je gevoelens. Dus: als je bijvoorbeeld kwaad was of onmachtig, lag daar dan een ander gevoel onder? Wat zou je daarmee kunnen doen? Hoe zou je dat gevoel uit kunnen spreken? Aan wie zou je dat willen zeggen?

12.2
Het verleden

Datgene wat je in je gezin van herkomst meekrijgt blijft je hele leven een belangrijke rol spelen. Onbewust neem je gedrag of ideeën over.
Misschien wil je het anders doen dan vroeger thuis en bedoel je daarmee dat je het graag *beter* wilt doen. Je verleden bepaalt echter ook hoe je nu leeft, wat je belangrijk vindt en hoe je tegen de wereld aankijkt.

> Jos is getrouwd met Marleen. Ze hebben twee kinderen. Marleen heeft uit een vorige relatie ook twee kinderen. Jos is vrachtwagenchauffeur, hij is 's morgens vroeg op en 's avonds laat thuis. Vaak komen er klussen tussendoor en als hij niet uitkijkt, moet hij op zaterdag ook werken. Hij heeft er moeite mee om 'nee' te zeggen tegen zijn baas. Als hij thuiskomt vragen de kinderen vaak of hij ze wil helpen, bijvoorbeeld: 'pap, wil jij mijn fiets even maken, het licht

doet het niet'. Of Marleen duwt Jos rekeningen onder zijn neus die betaald moeten worden. Jos is doodop van het rijden, het vastzittende verkeer, de lange wachttijden bij het afleveren van spullen enzovoort. Hij snauwt iedereen af. 'Verdomme, kan ik niet even rust krijgen.' De kinderen vluchten naar boven en Marleen trekt een onweergezicht en verdwijnt in de keuken. Jos voelt zich dan miserabel, zo wil hij het niet, maar hij wil ook niet dat gezeur aan zijn kop. Als de kinderen naar bed zijn zegt Marleen dat ze het wel gehad heeft met hem. Hij is nooit thuis en ze moet de vier kinderen alleen grootbrengen. Er is nooit eens tijd voor haar verhaal en het gaat alleen maar om zijn werk. Marleen is in therapie geweest om zaken uit haar verleden te bespreken. Jos wilde nooit mee naar therapie, maar hij merkte wel dat Marleen steeds meer in opstand kwam en niet meer alles deed zoals vroeger. Ze wil dat hij ook meehelpt in huis en voor de kinderen zorgt. Als ze daarover heeft zitten zeuren is Jos het helemaal beu. 'Wat wil je dan, ik werk me kapot en jij zit hier maar te zeuren over rekeningen en de kinderen en over jezelf.' Hij wordt hoe langer hoe kwader en voordat hij het weet vliegt er een vaas door de kamer. Marleen kan nog net bukken. Dit is niet de eerste keer. Marleen loopt huilend naar boven, de kinderen liggen verstijfd in bed.

Jos zit eindelijk alleen in de kamer en kijkt tv. Het zit hem niet lekker en hij denkt terug aan vroeger. Zijn vader en moeder hadden vaak ruzie. Zijn moeder zeurde dat zijn vader te laat thuiskwam en dat er geen geld genoeg was om de kinderen te onderhouden. Jos lag vaak in bed te wachten tot de ruzies beneden over waren. Zijn broer deed net of hij het niet hoorde en leek er geen last van te hebben. Jos hoopte altijd dat zijn moeder haar mond zou houden, dan was het het snelst over. Als zijn vader uit het café kwam was het helemaal verschrikkelijk, dan zag zijn moeder alle hoeken van de kamer. De dagen daarna werd er gezwegen en zijn moeder probeerde het goed te maken door extra te gaan zorgen. Jos weet nog goed dat hij op zijn 16e zijn vader een keer van repliek diende toen die weer eens laat thuiskwam uit het café. Er ontstond een vechtpartij en zijn moeder schreeuwde dat ze moesten ophouden. Maar Jos dacht niet aan ophouden, het moest nu maar eens klaar zijn. Daarna is hij gaan werken, weg van huis op de vrachtwagen. Veel anders is het niet geworden; zijn vader en moeder strijden nog steeds met elkaar, maar ze zijn ook liever voor elkaar geworden en zijn vader is nu vaker thuis.

Toen Jos dit overdacht werd het hem duidelijk dat hij datgene wat hij thuis had gezien zelf ook deed, wel anders, maar toch. Hij probeerde alle moeilijkheden met geweld op te lossen....

Opdracht 12.4

Verleden
Beantwoord de volgende vragen aan de hand van je eigen verleden:
Hoe was vroeger de sfeer in je ouderlijk gezin?

Welke leuke dingen heb je van thuis overgenomen en doe je net zo?

Wat vond je niet prettig en doe je anders?

Lijk je wat karakter betreft het meest op je vader of op je moeder? Beschrijf een paar van deze karaktereigenschappen.

Wat heeft indruk op je gemaakt van:
– je vader

– je moeder

– broer(s)

– zus(sen)

Wat heb je je voorgenomen nooit te zullen doen?

12.3
Trauma's

Een trauma is een gebeurtenis of een aantal gebeurtenissen die bijzonder ingrijpend zijn geweest en grote invloed hebben gehad op je leven doordat ze je gevoel van veiligheid en/of zelfvertrouwen hebben aangetast. Voorbeelden van trauma's zijn ernstige ongelukken, bedreiging, mishandeling en pesten. Soms kan een trauma er toe leiden dat je in bepaalde situaties geneigd bent om agressief te reageren.

> Kees is op school jarenlang gepest. Hij werd getreiterd en regelmatig na school in elkaar geslagen. De leraren en zijn ouders grepen niet in. Hij voelde zich in die tijd erg alleen. Op zijn 16e besloot hij dat hij niks meer te verliezen had en is hij terug gaan vechten. Dit veranderde zijn leven. Anderen waren bang voor hem en vielen hem niet meer lastig. Hij merkt nu hij al ruim 40 is dat hij nog steeds gevoelig is voor onrecht en dat hij moeite heeft om anderen te vertrouwen. Hij heeft snel het idee dat anderen hem een kunstje proberen te flikken en heeft zich dan niet meer in de hand.
>
> Geert is op zijn 7e jaar seksueel misbruikt door een oom. Hij heeft hier nooit over durven praten omdat hij bang was dat hij niet geloofd zou worden. Nu hij volwassen is merkt hij dat hij er nog steeds veel aan moet denken en dat hij niet echt van seks kan genieten. Als andere mannen hem onverwacht aanraken kan hij soms agressief worden en plotseling uithalen.

Praten over traumatische gebeurtenissen met mensen die je vertrouwt of erover schrijven kan helpen om minder last van te hebben van die gebeurtenissen. Als dat niet helpt of je vindt het moeilijk om er met bekenden over te praten, kan het verstandig zijn om hulp te zoeken bij een professionele hulpverlener.

Opdracht 12.5

Heb jij in je leven gebeurtenissen meegemaakt die je traumatisch zou noemen? Zo ja, welke?

Hoe heeft dit je leven beïnvloed?

Speelt dit trauma een rol bij je agressie?

Ervaar je hierdoor andere klachten of problemen?

12.4
Relatieproblemen

Mannen en vrouwen gaan verschillend met problemen om. Niet alleen zijn mannen en vrouwen anders 'gebouwd', ze hebben vaak andere wensen als het gaat om gedrag. De man leert meestal zich sterk op te stellen en aan de slag te gaan; de vrouw krijgt in haar jeugd vaak het voorbeeld van lief en zorgzaam zijn en zich voegen naar de ander.

> 'Wat ik ook doe, ik doe het nooit goed', verzucht Jaap. Zijn vrouw zit hem steeds op zijn nek. 'Nu mag ik me ook al niet meer bemoeien met het eetgedrag van onze jongste van drie. Hij eet gewoon alles met zijn vingers! Als ik er iets van zeg gaat zij de kleine verdedigen waar ik bij zit. Dan zegt ze: "het is niet erg hoor, als je wat groter ben kun je met je vork eten". Nou, dan ben ik van binnen woedend. Ik kook ja, en dat zal wel te zien zijn aan me. Ze zeurt tegen me als de kleine naar bed is: hij eet niet goed en slapen is ook al een ramp. Hij komt er wel vier keer per nacht uit. Je begrijpt dat dan voor vrijen helemaal geen plek meer is. Als ik daar dan wat van zeg is ze helemaal laaiend. "Jij kunt ook alleen maar aan jezelf denken!" Nou ja... Zij is niet consequent, ze laat zich door ons zoontje helemaal inpakken. Natuurlijk, het is ook een lief manneke maar zo wordt het nooit wat. Ze is heel geduldig met hem, ik geef het dan allang op maar zij blijft proberen om hem zover te krijgen dat hij bijvoorbeeld zijn bord leeg eet. Als het aan mij lag stond hij allang op de gang of kiepte ik zijn bord leeg. We zitten qua opvoeding niet op een lijn en daar ontstaan vaak woorden over, en ook wel eens meer dan dat. Ik vertrek na het eten het liefst zo snel mogelijk naar boven achter de computer. Mijn tv staat daar ook en dan kijk ik naar mijn sportzender. Even niks aan mijn hoofd na een drukke dag bij de baas die ook al zo loopt te zeuren.
> Als ik dan net lekker rustig zit komt ze om "te praten". Dan weet ik alweer hoe laat het is: allemaal verwijten. Ik doe niet genoeg in het huishouden, ik heb geen belangstelling voor haar en doe niks met de kinderen. Ik sla dan op tilt. Ik zeg wel "laat me met rust", maar ze gaat maar door. Ze wil altijd het laatste woord hebben. Ook zo irritant. Dan zet ik haar hardhandig buiten en soms als ze dan nog doorgaat dan vallen er wel eens klappen ja. Vind je het gek??'

Of

> 'Het was weer raak van het weekend. Wat een leuke zondag had moeten worden werd een ramp. Mijn vrouw vroeg of ik zin had om mee te gaan naar het bloemencorso in Zundert. Normaal wil ik wel mee maar er was net een spannende autorace op de tv 's middags. Ik was benieuwd of Hamilton zou winnen. Dus ik zei "nee, liever niet". Ja, dat had ik beter niet kunnen zeggen! Ze kwam met allerlei verwijten en oude koeien. Dit was al de zoveelste keer dat ze alleen moest gaan met de kinderen, dat ik altijd wel klaar sta voor mijn familie, dat ze toch ook wel eens met mij erbij uit zou willen met de kinderen enzovoort. Dat zal ze wel aardig bedoeld hebben maar dan komen er een heleboel dingen die ik allang niet meer weet of vergeten ben over wat ik allemaal wel niet voor mezelf doe en mijn familie en niet voor haar en de kinderen. Zaken van jaren geleden. Ik word daar zo moe van en ik zeg dan ook "stop nou maar, ik weet het wel, jij onthoudt alles en ik niet". Voordat ze dan weer in de aanval gaat, want ze kan alles veel beter zeggen dan ik. Dan probeer ik nog op een andere manier om aan de "terreur" te ontsnappen. Ik ga dan even naar buiten om nog iets uit de auto te halen. Maar daar trapt ze niet in. Ze blijft uitvallen en zeggen hoe ik me gedraag enzovoort. Op een gegeven moment klap ik dan dicht en zeg niets meer. Dan wordt ze helemaal furieus. Nou, weg gezellige zondag. Uiteindelijk ben ik dan maar meegegaan maar wel met de pest in mijn lijf. Gelukkig kwamen we in Zundert wat oude vrienden van mij tegen. Ik ben even het café ingedoken met ze, mijn vrouw en de kinderen stonden toch naar de corso-optocht te kijken. Even een biertje, dat helpt. Ja, het waren er misschien een paar te veel. Toen ze me kwam halen en weer begon te zeuren heb ik haar denk ik te hardhandig aangepakt. Ze is er nog

> steeds boos over en ik ben het allang vergeten. Nou ja, ik zal eens wat karweitjes aanpakken, meestal knapt ze daarvan op. Ze ziet dan dat ik voor haar klaar sta en dan zal het tussen ons ook wel beter gaan!'

Er zijn nogal wat verschillen tussen mannen en vrouwen. Het is belangrijk voor jezelf zicht te krijgen op verschillen die een rol spelen in je eigen relatie(s).

Opdracht 12.6

Verschillen tussen man en vrouw
Welke verschillen merk jij tussen mannen en vrouwen?

Welke verschillen vorm(d)en een obstakel in je huidige of in vorige relaties?

Weet je wat je partner van je wil als jullie ruzie hebben? Hoe zou je daaraan tegemoet kunnen komen?

Wat zijn volgens jou ingrediënten voor een goede relatie?

1
2
3
4
5
6
7
8
9
10

Opdracht 12.7

Gezond ruzie maken per brief
Wanneer je in een relatie een conflict hebt en het lukt niet om er met praten samen uit te komen, dan is 'ruzie maken per brief' een mogelijkheid om tot een oplossing te komen.
Het is handig om steeds een blocnote en een pen bij je te hebben.
Wanneer je irritaties ervaart maak je hiervan een notitie door trefwoorden op te schrijven. Je spreekt niet uit wat je dwars zit, maar schrijft het steeds op.
's Avonds bekijk je de notities en schrijft de belangrijkste punten in een brief.
Daar is een aantal spelregels voor.
- Gebruik in de brief geen scheldwoorden, beledig de ander niet en val de ander niet aan.
- Benoem in de brief je gevoel.
- Schrijf aan het eind van de brief wat je wenst van de ander, bijvoorbeeld 'ik zou het fijn vinden als je....'
- De ander heeft de verplichting de brief binnen 24 uur te lezen.
- Er mag niet op de brief gereageerd worden, het gaat erom te weten hoe de schrijver van de brief bepaalde punten ervaart. Wel mag van de ander worden verwacht dat die zich iets van de brief aantrekt.
- Er kan een afspraak worden gemaakt wanneer er behoefte is om samen te praten over een punt uit de brief.
- In dit gesprek geeft elk van beiden aan wat hem dwarszit, maar ook hoe hij het wél wil.
- De ander vat samen wat er gezegd is, controleert of het klopt en reageert pas daarna.
- De afspraak duurt maximaal een half uur (kookwekker gebruiken).
- Geen alcohol voor of tijdens het gesprek.
- Je bent zelf verantwoordelijk voor het uitvoeren van de opdracht.

12.5 Seksualiteit

Seksualiteit speelt een grote rol in relaties. Wensen en verlangens van partners kunnen nogal eens uiteenlopen en wanneer hierover gezwegen wordt kan dit leiden tot grote spanningen, onbegrip en zelfs relatieproblemen.

Opdracht 12.8

Praten over seks
Geef voor jezelf antwoord op de volgende vragen.
Spreek je met je partner wel eens over seks? Waarom wel/niet?

Weet je wat je partner prettig vindt op seksueel gebied? Zo ja, hoe ben je dit te weten gekomen?

Weet je wat je partner onprettig vindt op seksueel gebied? Zo ja, hoe ben je dit te weten gekomen?

Geef je zelf aan wat je wensen zijn op seksueel gebied? Zo ja, hoe pak je dit dan aan?

Hoe tevreden ben je over je seksuele leven als je dat zou uitdrukken in een rapportcijfer tussen 1 en 10? Als je niet erg tevreden bent, wat zou je dan willen veranderen zodat het rapportcijfer hoger wordt?

12.6 Opvoeding

Meer dan 200.000 kinderen zijn in Nederland getuige van geweld in het gezin. Geweld, ook alleen het zien of horen dat er geweld plaatsvindt, is zeer schadelijk voor kinderen. Kinderen kunnen angstig worden, zich gaan terugtrekken, gaan zorgen of juist opstandig gedrag gaan vertonen. Kinderen die thuis te maken krijgen met geweld lopen een verhoogde kans om later zelf dader of slachtoffer van geweld binnen relaties te worden.

De opvoeding van kinderen kan moeilijk zijn; kinderen kunnen moeilijk gedrag laten zien en je kunt met je partner of ex-partner (mede-ouder) van mening kan verschillen hoe ermee om te gaan. Daarom is het belangrijk je bewust te zijn van hoe je met je kinderen wilt omgaan en het hierover te hebben met je partner.

Opdracht 12.9

Hoe voed ik op?
Geef voor jezelf antwoord op de volgende vragen.
Praat je samen met je partner over de opvoeding van de kinderen? Waarom wel/niet?

Wat doe jij anders in de opvoeding van de kinderen dan je partner? Geeft dit wel eens aanleiding tot ruzie?

Wat doe je graag met/voor je kinderen?

Welke dingen doe je anders dan je eigen ouders deden en waarom?

Wat is het allerbelangrijkste in de opvoeding volgens jou?

Bespreek je spanningen in huis met je kinderen? Waarom wel/niet?

Wat hebben je kinderen van jou geleerd of overgenomen? Wat vind je daarvan?

Als je problemen ervaart met betrekking tot het herkennen van emoties, opvoeding van de kinderen, het verleden, je relatie of seksualiteit en je wilt hier meer over weten, dan kun je achter in het boek lezen waar je meer informatie kunt vinden.

13 Terugvalpreventie

Na enige tijd heb je genoeg aan je agressie gewerkt en ben je minder actief bezig met oefeningen in het boek. Omdat er altijd een kans bestaat dat je terugvalt willen we aandacht besteden aan het maken van een plan waarmee je terugval in agressief gedrag kunt voorkomen.

13.1 Wat heb ik bereikt?

Ga terug naar de veranderingsdoelen die je jezelf in hoofdstuk 3 hebt gesteld. Heb je deze doelen voldoende behaald of wil je nog meer bereiken?
Loop de theorie in dit boek nog eens na. Welke onderwerpen hebben voor jou nut gehad? Het kan handig zijn om ze voor jezelf samen te vatten of de pagina's waarop de onderwerpen zijn beschreven te markeren zodat je ze snel terug kunt vinden. Dan heb je voor jezelf op een rijtje staan wat voor jou goed werkt en kun je de draad snel weer oppakken wanneer het minder goed met je gaat.

13.2 Hoe kun je datgene wat je geleerd hebt vasthouden?

Om je de vaardigheden die je in dit boek geleerd hebt eigen te maken volgt hier een aantal adviezen.
- Blijf oefenen! Door veel ervaring op te bouwen met nieuwe vaardigheden kun je er ook gemakkelijker op teruggrijpen als het moeilijker wordt en de spanning oploopt.
- Blijf plannen maken om gedrag te veranderen. Zo heb je een steuntje in de rug om te blijven oefenen.
- Bereid je voor op toekomstige situaties die stress kunnen opleveren en die een valkuil kunnen zijn om terug te vallen in oud gedrag. Hiervoor kun je een terugvalpreventieplan maken.

Opdracht 13.1

Het terugvalpreventieplan
Beantwoord de volgende vragen voor jezelf.
Wat waren mijn leerdoelen aan het begin van de therapie?

Wat heb ik tot nu toe bereikt?

Welke ontlokkers zijn nog moeilijk voor me?

Wat zijn risicogevoelens voor me? (bijv. gekrenktheid, onrechtvaardigheid enz.)

Wat is risicogedrag? (bijv. te weinig slaap, stress op het werk, te veel drinken enz.)

Wat zijn risicoplaatsen? (werk, café, schoonouders enz.)

Wat zijn mijn lichamelijke signalen van spanningsopbouw? (zweten, gespannen spieren, vuisten ballen enz.)

Wie kan ik inschakelen als ik het moeilijk heb?

Welke onderwerpen uit het boek hebben mij geholpen mijn agressie te verminderen?

Welke maatregelen kan ik treffen om een uitbarsting te voorkomen?

13.3
Ten slotte

Wees je ervan bewust dat terugval regelmatig voorkomt en dat je hierop alert moet zijn en blijven. Wanneer je de vaardigheden goed beheerst kunnen boosheid en spanning worden afgebogen en hoeft het niet tot een uitbarsting te komen. Mocht dat een keer niet lukken, dan betekent dit niet dat je terug bij af bent! Belangrijk is dat je de moed niet opgeeft en doorgaat met het oefenen van je vaardigheden of de draad van het oefenen weer oppakt.
Betrek mensen in je omgeving bij je plannen en doelen zodat ze je kunnen ondersteunen.
Heel veel succes!

Extra formulieren

Spanningsthermometer

	METING 1	METING 2	METING 3
DAG 1	spanning: signalen:	spanning: signalen:	spanning: signalen:
DAG 2	spanning: signalen:	spanning: signalen:	spanning: signalen:
DAG 3	spanning: signalen:	spanning: signalen:	spanning: signalen:
DAG 4	spanning: signalen:	spanning: signalen:	spanning: signalen:
DAG 5	spanning: signalen:	spanning: signalen:	spanning: signalen:
DAG 6	spanning: signalen:	spanning: signalen:	spanning: signalen:
DAG 7	spanning: signalen:	spanning: signalen:	spanning: signalen:

EXTRA FORMULIEREN

Agressieketen

Situatie
Wat ging eraan vooraf? (verleden, omstandigheden)

Stemming:

Ontlokker
Gebeurtenis:

Gewaarwordingen:

Opbouwfase
Gedachten:

Remmers/ontremmers:

Gedrag:

Situatie op Scherp
Schijnbaar Onbelangrijke Beslissingen (SOB's):

Omstandigheden:

Middelen:

Uitbarsting
Verbaal/materieel/fysiek:

Terugblik op de situatie
Gevolgen korte termijn: positief/negatief

Gevolgen lange termijn: positief/negatief

EXTRA FORMULIEREN

Gedachteschema

Kies een situatie uit die nog niet zo lang geleden is gebeurd en waarvan je vindt dat je er overmatig in hebt gereageerd en werk deze uit in het gedachteschema.

1 Gebeurtenis (wanneer, waar, met wie, wat is er gebeurd)

2 Gewaarwording: (wat voel ik in mijn lichaam)

3 Gevoel (bang, boos, bedroefd, blij)
   Sterkte van het gevoel (0-100)

4 Gedrag (wat doe ik?)

   Wat kost het?

   Wat levert het op?

5 Gedachten (wat denk ik?)

   Geloofwaardigheid (0-100)

6 Onderzoek: stel kritische vragen over de gedachten. Wat is het antwoord op deze vragen?

7 Nieuwe gedachten: zet een nieuwe gedachte tegenover de gedachte die je op dat moment had

Geloofwaardigheid (0-100)

8 Gevoel bij nieuwe gedachten

Sterkte (0-100)

9 Nieuw gedrag:

Wat kost het?

Wat levert het op?

Meer informatie

Agressie

Bernard, J. (2002). *Over de rooie, omgaan met woede en agressie.* Amsterdam: Boom.
Scholing, A. & Wolters, P. (2006). *Leven met een antisociale persoonlijkheid.* Houten: Bohn Stafleu van Loghum.

Mindfulness

Eifert, G., Forsyth, J. & McKay, M. (2006). *Boosheid de baas.* Zaltbommel: Thema.
Hayes, S. & Smith, S. (2007). *Uit je hoofd in het leven.* Amsterdam: Uitgeverij Nieuwezijds.

Man-vrouwverschillen

Tannen, D. (2006). *Je begrijpt me gewoon niet.* Amsterdam: Bert Bakker.
Gray, J. (1999). *Mannen komen van Mars, vrouwen van Venus.* Houten: Het Spectrum.

Omgaan met bazen/werk

Mulder, R. & Feenstra, J. (1997). *Nooit meer verbaasd over je baas.* Lisse: Swets & Zeitlinger.
Leeuw, F. de & Dam, A. van (2004). *In spanning. Aanpakken van stress op het werk.* Amsterdam: Harcourt.

Trauma's

Emmerik, A. van & Berretty, E. (2006). *Leven met een trauma.* Houten: Bohn Stafleu van Loghum.
Lewis-Herman, J. (2002). *Trauma en herstel.* Houten: Wereldbibliotheek.

Seksualiteit

Deida, D. (2008). *Kracht Van Echte Mannen.* Haarlem: Gottmer Uitgevers Groep.
Lankveld, J. van (2007). *Omgaan met een seksueel probleem.* Houten: Bohn Stafleu van Loghum.
Pertot, S. (2007). *Als de zin in seks niet gelijk is.* Houten: Het Spectrum.

Relaties

Verhulst, J. (2007). *Houden van is niet genoeg. Test, begrijp en verbeter je relatie.* Houten: Bohn Stafleu van Loghum.
Dijkstra, P. (2004). *Omgaan met ziekelijke jaloezie.* Houten: Bohn Stafleu van Loghum.
Ven, J.P. van de (2005). *Omgaan met relatieproblemen.* Houten: Bohn Stafleu van Loghum.

Opvoeding

Webster-Stratton, C. (2007). *Pittige jaren. Praktische gids bij het opvoeden van jonge kinderen.* Houten: Bohn Stafleu van Loghum.

Websites

http://www.genoegvangeweld.nl/
http://www.huiselijkgeweld.nl/
http://www.shginfo.nl/

Films

Gevaarlijke Liefde
Vier vrouwelijke slachtoffers en een dader geportretteerd.
duur: verschillende versies mogelijk
http://www.boschfilm.nl/
Bont & Blauw
Bespreekbaar maken van huiselijk geweld.
Gemaakt in opdracht van de politie Amsterdam-Amstelland.
duur: 38 minuten
http://www.boschfilm.nl/
Zingen in het donker
Huiselijk geweld. Met Carice van Houten, Frank Lammers, Aart Staartjes en Gaite Jansen.
duur: 37 minuten
www.mutsaersstichting.nl

Over de auteurs

Drs. *Arno van Dam* is klinisch psycholoog/psychotherapeut en bij GGZ WNB werkzaam als programmahoofd van het behandelprogramma klachtgerichte behandelingen en hoofd wetenschappelijk onderzoek. Hij is supervisor voor de Vereniging voor Gedrags- en Cognitieve therapie VGCt en heeft zich gespecialiseerd in burnout en in agressieproblematiek. Eerder publiceerde hij over groepsgedragtherapie bij agressie, motivatie, werkstress en burnout.

Drs. *Carola van Tilburg* is gz-psycholoog/psychotherapeut en bij GGZ Westelijk Noord Brabant werkzaam als behandelaar in het behandelprogramma klachtgerichte behandelingen en in het regionaal diagnostisch centrum. Daarnaast begeleidt zij (gz-)psychologen in opleiding en doet zij wetenschappelijk onderzoek. Zij is lid van de Vereniging voor Gedrags- en Cognitieve therapie VGCt. Eerder publiceerde zij over kortdurend behandelen en agressiebehandeling.

Peter Steenkist is Sociaal Psychiatrisch Verpleegkundige en was bij GGZ WNB werkzaam als behandelaar en coördinator van het agressieprogramma binnen het behandelprogramma klachtgerichte behandeling en binnen het programma spoedeisende hulp. Hij heeft een eigen praktijk 'Memo'. Hij publiceerde eerder over huiselijk geweld bij allochtonen en is betrokken bij de ontwikkeling van de multidisciplinaire richtlijn huiselijk geweld.

Margreet Buisman is groepstherapeut en systeemtherapeut en tot voor kort werkzaam bij GGZ WNB binnen het agressieprogramma van het behandelprogramma klachtgerichte behandeling en het behandelprogramma persoonlijkheidsproblematiek.

GPSR Compliance

The European Union's (EU) General Product Safety Regulation (GPSR) is a set of rules that requires consumer products to be safe and our obligations to ensure this.

If you have any concerns about our products, you can contact us on

ProductSafety@springernature.com

In case Publisher is established outside the EU, the EU authorized representative is:

Springer Nature Customer Service Center GmbH
Europaplatz 3
69115 Heidelberg, Germany

www.ingramcontent.com/pod-product-compliance
Ingram Content Group UK Ltd.
Pitfield, Milton Keynes, MK11 3LW, UK
UKHW060050240426
12048UKWH00019B/1412